KB106974

숭실대학교 동아시아언어문화연구소

식민지시기 일본어 조선설화집 번역총서 **4**

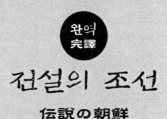

전설의 조선

伝説の朝鮮

저자 미와 다마키

역자 조은애·이시준

박문사

식민지시기 일본어 조선설화집 번역총서
간행사

· · ·

　국민국가 체제가 성립되면서 민간설화의 중요성이 재인식되어, 일제는 조선설화에서 조선민족의 심성과 민족성의 원형을 찾을 수 있다고 판단하고, 1908년 이후 50여 종 이상의 조선설화를 포함한 제국일본 설화집을 발간했다.

　이러한 일본어조선설화집은 전근대 및 해방 후 설화집과의 관련성 및 영향관계 연구에서 문학, 역사학, 사회학, 민속학 분야의 중요한 자료임에도 불구하고 근대 초기의 자료인 만큼, 현대 일본어와 달리 고어를 포함한 난해한 문체 등의 언어적 한계로 인해 학술자료로 널리 활용되지 못하는 데 아쉬움이 있었다. 대부분의 연구는 각 논문의 주제와 관련된 텍스트를 중심으로 설화를 단편적으로 다루는 데 그치고 있는 실정이다.

　일본어조선설화집의 번역을 통한 총서간행의 의의는 다음과 같다.

　첫째, 이미 작업을 시작한 숭실대학교 동아시아언어문화연구소의 〈식민지시기 일본어 조선설화집자료총서〉와 더불어 학계에 새로운 연구자료를 제공한다.

둘째, 일본어 조선설화집이 간행된 시대적 배경과 일선동조론과의 정치적 문맥을 실증화 함으로써 조선설화가 근대시기에 어떻게 텍스트화되어 활용되었는지를 명확히 할 수 있을 것이다.

셋째, 식민지 실상에 대한 객관적인 조명은 물론이고, 해방 후의 한국설화와의 영향관계 파악을 통해 오늘날 한국설화의 형성과정을 되돌아보고 그 영향 및 극복을 규명하는 단초를 제공할 것으로 기대한다. 이는 일본관련 연구자에게 뿐만 아니라 인문사회과학 제분야의 연구 활성화에 기여할 것으로 판단된다.

넷째, 해방 후 한국설화의 비교연구는 식민지의 상황에 대한 구체적인 검증 없이 한일 비교연구가 행해진 것이 사실이다. 한일설화가 밀접한 관련성을 지니고 있고 동아시아적 관점에서 비교연구의 필요성이 절실한 현실임을 인정하지만, 식민지기 상황에서 어떤 논의가 있었고, 그 내용 및 성격에 대한 공과를 명확히 하는 작업이 선결되어야 한다고 판단된다. 식민지시기의 실상 파악과 한국설화의 근대적 변용과 활용에 대한 총체적 규명을 통해 한일문화의 근원에 존재하는 설화를 통한 문화 이해의 기반을 마련해야 할 것이다. 일선동조론에 입각한 왜곡된 조선설화 연구가 아닌, 동아시아 설화의 상상력과 공감대를 형성하는 한국설화의 저변확대를 통한 교류야말로 진정한 미래지향적인 한일관계, 나아가 21세기 동아시아 평화공동체 구축을 위한 상호이해 기반을 제공하는 초석이 될 것으로 기대하는 바이다.

숭실대학교 동아시아언어문화연구소

소장 이 시 준

범례凡例

1. 이 책은 1919년 하쿠분칸博文館에서 발행한 미와 다마키三輪 環의 『전설의 조선傳說の朝鮮』의 번역서로, 2013년 숭실대학교 동아시아언어문화연구소 식민지시기 일본어 조선설화집자료총서 7권(제이앤씨)으로 영인된 바 있다.

2. 설화집과 저자에 대해서는 식민지시기 일본어 조선설화집자료총서 『전설의 조선伝説の朝鮮』(제이앤씨, 2013)의 해제를 참조할 수 있다.

3. 이해를 돕기 위해 필요에 따라 한자를 본문 옆에 작은 글씨로 병기하였으며, 원문의 일본어 표현을 그대로 쓰거나 원문과 역어가 다른 경우에는 괄호 안에 원문을 표기하였다. 일본식 약자는 정자로 바꾸었다.

4. 일본어의 한글표기는 국립국어연구원의 한글맞춤법에 의거한 외래어표기법을 따랐다.

5. 각주는 편자인 미와의 원저자 주를 번역하였다. 또한 각주 중에 **역주**는, 옮긴이의 보족補足이다. 원저자 주는 일반적으로 지명과 관련된 내용, 일본 연호(황기皇紀)를 대조한 내용이 주를 이룬다. 황기는 역자가 ( ) 안에 서력西歷을 표기하였다.
   예) 皇紀六○四～一五九五 → 황기604~1595(기원전57년~서기935년)

6. 일부 원문에 한글표기가 되어 있는 부분은 그대로 한글로 표기하였으며, **역주**로 보충 설명하였다.
   예) 되루목되(魚) → 도루묵
   역주 편자는 한글로 [되루목되]라고 표기하고 있다. 도루묵을 말한다.

조선 평양고등보통학교 교유敎諭

전설의 조선

미와 다마키 저

도쿄 박문관 장판

서 문

세계의 어느 나라, 어느 곳에도 전설이 없는 곳은 없다.

아마도 인류가 시작되고 어느 정도 세월이 흐르면서 정사도 야사도 생겨나지만 한편으로는 구비전설이 그 안에서 발생되어 입에서 귀로, 그리고 다시 입으로, 흡사 꿈인 양 바람인 양 단편적으로 사람의 머리에 들어가 가슴속에 자리하는 법이다.

그리하여 전설은 오늘날의 과학적 견지로는 불가사의하고 기괴하며 불합리한 것이 적지 않다. 그래서 사람들은 황당무계라는 네 자로 이를 평가하고, 나아가 거짓으로 치부하는 사람이 많다. 그러나 나는 그 황당무계 안에 일종의 흥미를 불러일으킬 만한 것이 있다고 생각한다.

만사가 그렇듯 이해利害가 따르는 것은 어쩔 수 없다 하여도, 소위 정사正 史라 할지라도 다시금 살펴보아야 할 바가 있듯이, 전설에도 그 뒤에 숨어 있는 의미를 살펴보기에 합당한 것이 있다. 다만 안타깝게도 구비설화, 전설 등은 기억의 착오, 잘못 들은 경우 및 여기저기로 이야기가 이동전가 移動轉嫁된 경우도 적지 않다.

이로 인해, 동일한 혹은 유사한 설화가 각지에 남아 있는 것이며, 그 근원을 밝히는 것이 난해한 경우가 허다하다. 다만 그러한 고증은 나중으로 미루기로 하고, 지금은 그저 이를 수집하여 조선의 구비전설을 여기에 열기列記하는 것으로 그치고자 한다.

대정大正 8년(1919) 7월

서기산瑞氣山 자락에서,

관제학인貫齋學人이 적다.

목 차

▶제1부◀
산천

청류벽淸流壁	017	형제암兄弟巖	038
대주가大酒家	020	설성관雪城館	039
두 개의 바위二つの岩	021	우걸지雨乞池	040
대성산大聖山	021	수류산水流山	041
백로리白鷺里	024	구룡석九龍石	043
수산水山	026	수옥석手玉石	043
뇌산雷山	027	삼족우三足の牛	044
천도래天度來	028	용정龍井	044
아천평야阿川平野	029	세청산洗淸山	047
의구총義狗塚	030	호산虎山	047
근암筋岩	031	용봉강龍峯江	049
미혈米穴	032	풍생혈風生穴	050
응봉鷹峯	034	금척릉金尺陵	051
숭아산崇兒山	035	전포錢浦	051
윤씨연尹氏淵	036	대정大井	052
진복암眞福巖	037	칠성암七星巖	052
산이 빌린 돈山の借金	037	연천鍊泉	054

11

▶제2부◀
인물

단군檀君 057

삼주신三柱の神 059

박씨朴氏 061

최치원崔致遠 062

금와金蛙 064

애비없는 자식親無し子 066

사람의 알人の卵 068

계림桂林 070

약반藥飯 071

비선화수飛仙花樹 072

구림사鳩林寺 073

귀교鬼橋 074

해와 달의 정령日月の精 076

아이를 묻다子を埋む 077

선죽교善竹橋 079

용녀의 아이龍女の子 079

자손이 죽다子孫が死ぬ 083

고려사高麗寺 084

겨드랑이 밑의 비늘腋下の鱗 086

계모まま母 087

문問이라는 글자問の字 088

김응서金應瑞 090

주술 겨루기術競べ 094

주천석과 만산장酒泉石と漫山帳 096

선인仙人 097

미륵彌勒 099

전강동全剛銅 101

중년효자中年孝子 106

백장군白將軍 107

진지동眞池洞 108

욕심 많은 총각欲深の総角 109

장롱의 불筆筒の火 111

애꾸눈과 비뚤어진 코目ツかちと鼻欠け 112

욕심쟁이 할아버지欲深爺 114

명의의 요법名醫の療法 115

배 위의 서당腹上の書堂 116

천하 대장군天下大將軍 117

칠불사七佛寺 118

►제3부◄

동식물 및 잡

너구리狸	123	잉어의 아이鯉の子	148
우산당禹山堂	124	거미와 지네蜘蛛と蜈蚣	149
차씨의 선조車氏の先祖	125	담병痰病	150
새끼 밴 호랑이娠み虎	126	산신山神	150
고양이猫	128	군수郡守	152
여우狐	129	칡과 등나무葛と藤	153
무녀巫女	130	질경이車剪子草	154
여우 신랑狐の婿	131	맥주麥酒	154
황금 맷돼지金色の猪	132	땅에 뜸뜨기地に灸	155
원숭이 기병猿の騎兵	134	사람 기둥人柱	156
불가설不可說	135	산위의 발굽소리山上の蹄音	156
까마귀烏	136	연광정의 현판練光亭の額	157
복뱀福蛇	136	석등 안의 비서石籠内の秘書	158
집념의 뱀執念の蛇	137	팔만대장경八萬大藏經	158
뱀의 관蛇の冠	140	백세청풍百世清風	159
뱀술蛇酒	141	비석의 땀石碑の汗	160
보은과 망은報恩と忘恩	143	눈병 약眼病の薬	161
청개구리雨蛙	145	급수장給水場	162
대갈大蝎	146	미륵보살彌勒菩薩	163
되루목되어 되루목되魚	147	서묘西廟	164
오징어의 뼈烏賊の骨	148	아들 낳는 돌子授け石	165

►제4부◄

동화

두 형제二人の兄弟　169

불효자식不孝息子　171

욕심쟁이 남자欲張り男　172

한어쓰기漢語遣ひ　173

어리석은 형과 현명한 아우愚兄賢弟　174

며느리와 시어머니嫁と姑　177

바보 사위馬鹿婿　179

양자養子　180

여우의 재판狐の裁判　182

원숭이의 재판猿の裁判　186

호랑이를 탄 도둑虎に乘った泥棒　187

호랑이와 표범虎と豹　189

호랑이 엉덩이에 나팔虎の尻に喇叭　189

하루살이와 호랑이蜉蝣と虎　191

여우와 게의 경주狐と蟹の競走　192

원숭이 꼬리와 게의 다리猿の尻と蟹の脚　193

토끼의 꼬리兎の尾　195

광어의 눈과 메기 머리鮃の目と鯰の頭　196

두꺼비의 배蟾蜍の腹　197

거북이와 토끼龜と兎　199

사이가 나쁜 개와 고양이仲の悪い狗と猫　201

다리가 부러진 제비足折燕　203

해와 달太陽と月　206

뻐꾸기郭公　209

떡보餅食ひ　212

14

제1부

—

산천

청류벽淸流壁

옛날 지금의 청류벽[1]이었던 곳은 평지였으며 바위도 아무것도 없었다. 그래서 홍수가 나면 대동강大同江 물이 지금 평양의 제1공립보통학교 앞까지 흘러와 인명과 재산 손실 등의 피해가 적지 않았다. 그 시절 대동강의 본류는 사동寺洞 쪽을 흐르고 있었다.

어느 가난한 집안에 설모薛某라는 청년이 있었다. 이 청년은 아침부터 저녁까지 새끼를 꼬고 짚신을 만드는 등 열심히 집안일을 돌보았다. 어느 날, 평양에 와서 이제까지 만든 물건을 팔고 난, 다음 집으로 돌아가려고 강변을 걷고 있었다. 날은 이미 저물어 사람의 얼굴도 알아보기 힘든 즈음이었다. 한 어부가 지게[2] 위에 큰 생선을 지고 배에서 내렸다. 청년은 아무런 생각 없이 이 어부의 뒤를 따라 걷는데 어부는 혼잣말로,

"뭐 이렇게 무거운 잉어가 있지?"

라고 말하자, 지게 위의 잉어가

"그렇게 무거우면 어서 대동강에 놓아주지 그래?"

라고 말했다. 그러나 어부는 그 말을 알아듣지 못한 듯하였다.

청년은,

"잉어가 불쌍하기도 하고 여간 범상치가 않군. 마침 돈도 갖고 있으니 이 잉어를 사주자."

하고 마음먹고는 어부에게 말을 걸어 잉어를 산 다음 물에 놓아주었다. 잉어는 두세 차례 물 위로 뛰어오르고는 이윽고 물 속으로 사라졌다.

---

1 평양平壤의 동부 전금문轉錦門 밖에 있음. 금위산錦衛山의 일부.
2 지게チゲ는 등에 지는 사다리 같은 것.

청년은,

"오늘은 좋은 일을 하였군."

하고 기뻐하며 집으로 돌아갔다.

그날 밤 두 명의 동자가 찾아와서는,

"용궁의 임금님이 당신을 만나 뵙고 싶다고 하셔서 저희들을 보내셨습니다. 부디 함께 가 주십시오."

라고 말하였다. 청년은 이를 거절하였으나, 동자들은

"그러면 저희들은 도리를 다하지 못하게 됩니다."

라고 하여, 억지로 끌고 가려고 하였다. 이에 어쩔 수 없이 두 동자를 따라가자 실로 놀라운 궁궐에 도착하였다. 문도 건물도 금은보화로 치장되었고, 마당의 모래는 수정을 뿌려 놓은 듯하여 눈이 부실 지경이었다. 청년이 찾아왔다고 하여 임금님이 몸소 마중 나와 안으로 안내하였다. 청년이 황송해하며 임금님 옆 자리에 앉자 임금님은 친절하게 대하며 말하기를,

"당신은 내 아들을 구해 준 은인이오. 어제, 나의 아들이 어부에게 붙잡혀 잡아먹힐 뻔한 것을 당신이 구해 주어서 무사히 돌아올 수 있었소. 오늘은 꼭 만나서 인사를 하려던 것이니 부디 마음껏 즐기다 가도록 하시오."

라고 하며 진귀한 음식들로 청년을 대접하였다.

청년은 매우 즐겁게 지냈으나 며칠이나 계속해서 머무를 수 없기에 집으로 돌아가고 싶다고 말했다. 그러자 임금님은,

"그렇다면 뭔가 선물을 드리고 싶은데, 당신의 소원을 하나 말해 보시오."

라고 말했다. 청년은 바로,

"평양 사람들이 매년 홍수로 낭패를 보고 있으니 그것을 어떻게 해 주셨으면 합니다. 또한 대동강은 사동 쪽을 흐르고 있어 평양의 경치도 나쁘고 또한 다니기도 불편하니 모란대 쪽으로 흐르도록 해 주셨으면 합니다."

임금님은 그 아름다운 마음을 칭찬하며,

"그것은 매우 쉬운 일이오. 사흘 안에 당신의 소원을 들어주겠소. 그러려면 큰비를 내려야 하니, 사람들에게 이를 알려주는 것이 좋을 것이오."
라고 말하였다.

청년은 임금님께 인사를 드리고 집으로 돌아갔으나,

"빨리 이 일을 평양 사람들에게 알려야 한다."
고 해서 여기저기에 알리고 다녔으나 이를 믿는 사람이 아무도 없었다. 그뿐만 아니라 미친 사람 취급하는 것도 모자라 사람들을 속이는 자라 하여 관찰사[3]는 청년을 잡아 옥에 가두려고 하였다. 이때, 갑자기 하늘이 흐려지더니 벼락이 떨어지며 큰비가 내리기 시작하였다. 흡사 하늘에 구멍이라도 난듯 쏟아지는 큰비는 사흘간 계속됐다. 그러다 빗줄기 속에서 용이 나타나 모란대[4] 아래에서 서남쪽으로 승천하였다. 그 자국이 크게 파져서 내리는 빗물은 파인 곳으로 흐르게 되었다. 그리고 청류벽에는 병풍과 같이 튼튼한 바위가 생겨나서 물은 평양 거리로 흘러들지 않게 되었다.

사람들이 설씨의 덕을 기념하기 위해 세운 사당은 이미 없어졌으나, 설암리[5]라는 이름은 평양이 있는 한 계속될 것이다.

---

3 지금의 현지사, 도장관 같은 관직.
4 현무문의 동북쪽에 솟아 있다.
5 평양부의 동네 이름.

대주가大酒家

옛날 평양에서 원산元山[6]으로 가는 사람이 있었다. 그 사람이 우선 장경문長慶門을 나와 청류벽清流壁 아래를 지나서 주암산酒岩山에 올라 술을 마시고 대동강을 건너 대취도大醉島에 다다랐다. 도착했을 때에는 이미 크게 취해서 전후 분간이 안 될 정도였다. 그리고 입암笠巖에 이르러서는 갓을 벗고 의암衣巖에 와서는 두루마기를 벗고 더 나아가서 회소回沼에 다다랐다. 여기서 더 움직이고자 하였으나 너무나 심하게 취한 나머지 어지러움을 느껴서 두세 번 돌더니 휴암休巖에서 겨우 술이 깨고는 그곳에서 의복을 갖추고는 잠시 쉬었다가 출발하였다.

그래서 지금도 그 장소에는 각각의 이름이 지어졌다.

6 함경남도.

두 개의 바위二つの岩

평양에서 흥부興部로 가려면 대동강변을 지나게 된다. 왼편으로는 구릉이 이어지고 그 아래에는 작은 오솔길이 나 있다. 그 오솔길 중간 즈음에 두 개의 바위[7]가 있다. 이 바위 틈새에 작은 돌멩이를 끼워 넣으면 능라도綾羅島에 불효막심한 딸이 태어난다.

또한, 성천군成川郡[8] 삼덕면三德面 현봉리玄峯里의 외리外里와 안리安里 사이에 커다란 바위가 있으며 그 바위는 옛날 마귀할미라는 여자의 주먹 자국이 4척 정도 높이의 위치에 남아 있다. 이 주먹 자국에 돌을 넣으면 두 고을 중 누군가 한 명이 도망가게 된다.

이 큰 바위는 길가에 있기에 지나가는 사람이 장난삼아 돌을 넣는 경우가 있으나 고을 사람이 발견하게 되면 그 돌을 빼내는 것이 관례로 되어 있다.

대성산大聖山

평양에서 북동 방면으로 삼 리 쯤 가면 대성산(大城山이라고도 한다)이라는 산이 있다. 높이 구백 척 정도의 민둥산이지만 그 위에는 성곽터가 남아 있고 오래된 기왓장 등도 수없이 많다. 그 남쪽 기슭에는 흙으로 터를 쌓은 소나무 숲도 있다. 전설에 의하면 고구려의 평원왕平原王 28년[9]에 성을

---

7 형제 바위 혹은 아이를 업은 바위라고도 한다.
8 평안남도.

쌓고 평양에서 옮겨 온 곳으로 안학궁安鶴宮이라고 한다.

또한 일설에는,

고구려高句麗의 동명왕東明王[10]의 별궁이며 그 유명한 녹족부인鹿足夫人이 이곳에 살았다. 또한 부인이 한 번에 9명의 아이를 낳자 이는 불길한 일이라 하여 아이들을 상자에 집어넣어 대동강에 던졌다. 그러자 그 상자가 물길을 따라 흘러가더니 중국에 다다랐다. 누군가가 이를 데려다 키우니 모두 훌륭히 성장하여 이윽고 대장군이 되었고 조선으로 쳐들어왔다. 동명왕이 이를 걱정하자, 부인은 태연하게

"적장 아홉 명은 모두 저의 자식입니다. 따라서 제가 직접 가서 이야기를 하겠습니다."

라고 하며, 대동군大同郡 부산면斧山面의 봉우리에 올라,

"너희 아홉 명은 모두 나의 자식이니라, 자식으로서 어찌 부모의 나라에 활을 당긴단 말이냐."

하고 꾸짖었다.

이때 아홉 명의 대장군은 처음으로 조선이 부모의 나라라고 알게 되어, 이 대성산성으로 돌아와 즐겁게 살았다. 지금의 녹수암鹿水庵 두타사頭陀寺는 그 유적이다.

또한 일설에는,

녹족부인은 그 이름처럼 다리가 사슴을 닮고, 그 머리카락은 짧아서 밤송이 같아 항상 방한용 바람막이 모자를 머리에 쓰고 있었다.

녹족부인에게는 일곱 명의 자식이 있었으나, 모두 어머니를 닮아 녹족이

---

9 황기皇紀1246(서기586년).
10 황기624~640(기원전37년~21년).

었다. 부인은 항상 이 아이들에게 발싸개를 하게 하였으나, 어느 날 막내가 그 발싸개를 벗어 버리자, 부인은 크게 화를 내며 이 일곱 형제를 모두 대동강에 던져 버렸다.

일곱 형제는 신기하게도 가라앉지도 않고 물에 뜬 채로 중국에 도달하여, 어느 한 사람의 도움을 받아 무예를 익히고 훌륭한 장군이 되었다.

그 후, 일곱 장군은 병사를 이끌고 조선을 침공하였다. 동명왕은 크게 놀라, 이를 막아 보았으나 일곱 장군의 기세는 매우 강하였다. 부인은 이때에 일곱 장군이라는 이야기를 듣고는 '혹은 내 자식들이 아닌가.' 하고 생각하여, 왕의 허락을 받아 대성산 앞의 언덕에 올랐다.

"너희는 모두 나의 자식들이다. 나는 녹족부인, 너희들을 낳은 것이 바로 나다. 내 머리카락은 짧고, 나의 다리는 녹족이다. 너희 또한 그럴 것이다. 내 젖에는 일곱 개의 구멍이 나 있다. 너희는 옛일을 잊었단 말이냐? 지금 다시 한 번 내 젖을 먹어 보아라."

라고 하며 스스로 젖을 짜 내자, 일곱 개의 구멍에서 나오는 젖은 모두 일곱 가닥의 선이 되어 멀리 떨어져 있는 일곱 명의 입으로 들어갔다.

일곱 장군은 이를 보고, 즉각 싸움을 중지시키고는 모두 어머니 앞으로 나아가 이제까지의 불효를 빌고, 함께 왕궁으로 돌아가 부왕을 알현하였다. 대성산 기슭에 흐르는 강을 합장천合掌川이라고 부르는 것은 이때에 일곱 장군이 자신들의 불효를 빌며 부인 앞에서 합장하였다는 일을 기념한 것이다.

또한, 일설에는

평안남도平安南道 안주군청安州郡廳에서 남서쪽으로 9리 정도 떨어진 곳에 십이삼천평야十二三千平野라는 넓은 들이 있다.

동명왕의 왕비가 한 번에 열두 명의 사내아이를 낳았다. 그들은 모두 어머니를 닮아서, 다리가 사슴과 같았다. 이는 불길한 일로 여겨져, 아이들을 상자에 넣어 바다에 흘려 보냈다. 그 상자가 중국까지 흘러가자 중국 사람이 아이들을 맡아 키웠는데, 모두 훌륭한 장군이 되었다.

이때에 중국은 조선을 정벌하려고 하고 있던 바, 이 열두 명의 장군에게 각각 삼천 명씩 병사를 이끌게 하여 출병시켰다. 조선에서는 이를 막을 수가 없었으나 왕비가,

"나 혼자서도 해결할 수 있다."

하였기에, 이를 맡겼다.

왕비는 홀로 이 들판에 나아가 높은 단을 쌓고, 열두 명의 장군을 불렀다. 우선 버선을 꺼내어 신겨 보자 딱 들어맞았다. 다음에 젖으로 시험을 하자, 젖은 열두 가닥이 되어 나왔다. 이때에 열두 명의 장군은 비로소 자신들의 생모인 것을 알고는 모두 항복하여 그곳에 고행성古行城을 쌓았다.

그 이후로 이 땅을 십이삼천평야라 부르고 있다.

백로리白鷺里

평안남도平安南道 영유永柔에 백로리白鷺里라는 곳이 있다.

옛날, 이좌수李座首라는 사람이 집 앞에 연못을 파고, 그 주변에 버드나무를 심어서 물고기를 키우고는 때때로 낚시를 즐겼다.

그러던 어느 날, 버드나무에 백로가 둥지를 틀어서 새끼를 키우자, 커다란 뱀이 나타나서는 그 새끼를 잡아먹으려고 하였다. 좌수가 이를 보고는

칼을 던지자, 칼은 제대로 뱀에 맞아 칼끝이 부러졌고, 뱀은 연못에 떨어져
죽어 버렸다.

그 이듬해 푸르른 버드나무의 시원한 그늘 아래에서 좌수가 낚시를 하는
데, 커다란 뱀장어가 낚였다. 이를 가지고 돌아간 좌수가 저녁 술자리의
안주가 생겼다고 기뻐하며 이를 요리하려고 배를 가르자, 작년에 뱀에게
던진 칼끝이 속에서 나왔다.

"신기한 일이군."
하고 생각하였으나, 그대로 구워 먹었다.

다음 날부터 좌수의 배는 점점 크게 부풀어 오고 심하게 아프기 시작하
였다. 갖가지 약을 써 보았으나 조금도 효과가 없었고, 점점 더 악화되어갔
다. 좌수는,

"이는 작년의 그 뱀이 복수를 하는 것이 틀림없다. 내 목숨도 여기까지구
나."
라고 생각하고 뒷일을 처자식들에게 잘 이야기하고는, 죽기를 기다리고
있었다.

때는 여름이라 집 안에 누워 있기에는 더워서, 연못가 버드나무 아래에
서 자리를 깔고 있었는데, 무척 시원하여 어느새 잠이 들었다. 그러자 전부
터 버드나무에 앉아 있던 백로가 내려와서는 좌수의 부풀어 오른 배를
쪼아서 구멍을 뚫었다. 그러자 그 안에서 수많은 뱀이 흘러나왔고, 좌수의
병은 즉시 완쾌되었다.

그때부터 이 땅에 백로리라는 이름을 붙였다.

수산水山

　중화군中和郡[11]의 남동쪽으로 8리 떨어진 곳에 수산水山이라는 산이 있다. 원래는 화산火山이라 부르고 있었다.

　그 산은 불이 일어나는 형상을 닮았다고 하여, 그러한 이름이 붙었던 것이다.

　이 산 북쪽으로 2리 정도 떨어진 곳에 옛 상원군祥元郡[12] 소재지가 있어, 이곳에서는 산 중턱까지도 바라다보인다. 그리고 산의 정기는 항상 이 상원군을 향하고 있었다.

　화기가 향하고 있었기 때문에, 상원군은 자주 화재가 일어나 매우 걱정이 많았다. 무엇인가 좋은 수가 없을까 고민했지만 이렇다 할 뾰족한 수도 없어서, 그냥 걱정만 하면서 지내고 있었는데 지금으로부터 100년 전 쯤에 한 명의 군수가 이 이야기를 듣고는,

　"화기로 인해 불이 나기 쉽다는 것은 너무도 당연한 이야기다. 그렇다면 오늘부터 저 산을 수산으로 고치도록 하자."

라고 하며 모두에게 포고하였다.

　그 이후로, 상원군에 불로 인한 피해는 없어졌다.

---

11 평안남도.
12 평안남도.

뇌산雷山

언제인지는 모르겠으나 어느 농부가 누에를 키우고 있었는데, 번데기가 될 즈음에 누에의 상태는 매우 좋았으나 뽕잎이 모자랐기 때문에, 진남포鎭南浦[13] 북서쪽의 작은 산에 누에를 가지고 가서 모두 버렸다.

버려진 누에는 산의 아무 나뭇잎이나 먹고 번데기가 되었다.

얼마 후 농부가 겸사겸사 이 산에 가 보니, 매우 튼실한 번데기가 산 여기저기에 있었다.

"그렇군, 이것은 내가 버린 누에가 번데기가 된 것이다. 이것은 내 것이다. 누가 와서 가져가기 전에 어서 따야겠다."

기쁜 마음으로 돌아간 농부는 즉시, 온 집안 사람들을 불러 모아서 광주리, 보자기 등을 짊어지고는 서둘러 산으로 떠났다.

발이 땅에 닿지도 않을 만큼 서둘러 달려가 산에 다다르자, 한 방울 두 방울 비가 내리기 시작했다.

"조금 젖는 것쯤이야 아무것도 아니다. 어서 서둘러 번데기를 따라."
라고 말하자, 근처의 바위틈에서 커다란 지네 2마리가 나와서는 농부들이 번데기를 따는 것을 방해하였다. 농부는 이 지네를 쳐 죽이려고 하였으나 빗방울은 더욱더 커지고 바람은 매서워졌다. 농부는 번데기를 딸 수도 없고, 어찌할지 고민하고 있는데 갑자기 번쩍이는 빛과 함께 뇌성이 울리기 시작했다.

"우와!"

---

13 평안남도.

농부들이 움찔하는 순간, 굉음과 함께 번개가 떨어졌다.

비가 그친 후 이들을 살펴보자, 농부도 지네도 함께 새카맣게 타 있었다.

그때부터 이 산을 뇌산이라고 이름 붙였다.

천도래 天度來

강서江西[14]에 천도래라는 이상한 지명이 있다.

임진왜란壬辰倭亂[15] 당시, 선조宣祖는 한양을 떠나 평양을 거쳐 의주[16]로 피신할 때에, 이곳에 머무른 적이 있다. 그때는 이미 곡물이 바닥나서 햅쌀도 아직 영글지 않은 시점이라 임금님께 드릴 쌀이 없었다. 이곳 사람들은 모두 어쩔 줄 몰라했다.

어느 농부가,

"임금님께서 배를 곯으시게 할 수는 없다."

라고 말하며, "어서 벼를 익게 하여야 한다. 거의 익은 것 같다." 하며 하루에도 천 번씩 논을 왕래하여서 논가의 풀까지 모두 밟혀 죽어 버렸다.

이러한 정성이 어찌 하늘에 닿지 않을 것인가. 하룻밤 사이에 벼가 익어서, 그 다음 날 농부가 논에 도착했을 때에는 이미 황금색 물결이 일렁이고 있었다. 농부는 매우 기뻐하며 쌀밥을 지어 임금님께 바쳤다.

전쟁도 끝나고 임금님은 귀궁하였으나, 어느 날 이를 기억하고 그 농부

---

14 평안남도.
15 고요제이 천황後陽成天皇 문록원년文祿元年 황기2252(1592).
16 평안북도.

를 불러서는,

"지난 날, 너의 정성을 잊지 않고 있다. 너에게 상을 내리고자 하니, 원하는 것을 말하여라."

라고 말씀하셨다.

"신은 농민이기에 바라는 바는 논밭 외에는 없습니다만, 이미 선조로부터 물려받은 논밭이 있으니 살아가는 데에는 아무런 부족함이 없어 더 이상 원하는 것은 없습니다."

농부가 황공해하며 그렇게 답하자, 임금님은 그 우직함에 감탄하여 많은 논밭을 그에게 하사하고 그 땅을 천도래라고 이름 짓고 오랫동안 기리게 하였다.

아천평야阿川平野

삼등三登[17] 읍내에서 서쪽으로 약 3리 정도 떨어진 곳에 아천평야가 있다. 이 땅은 황무지로 아무도 돌보는 사람이 없는 곳이었으나, 지금은 여기서 나오는 곡물이 이 지방에서 생산되는 양의 약 1/4 정도나 된다.

옛날 이 땅에 이부평李富坪이라는 사람이 있었다. 이 사람은 매우 정직한 사람이었다.

하루는 아천평야의 작은 강을 건너려고 하는데, 오색찬란한 물고기를 발견했다. 이때 마음속으로

---

17 평안남도.

"이는 용이 될 물고기가 틀림없다."

라고 생각해서,

"부디, 저에게 복을 내려주소서."

하고, 아무런 생각 없이 기도를 하였다. 그러자 그날 밤 꿈속에 한 명의 청년이 나타나서는,

"나는 아천의 냇물에서 수백 년을 살아왔으나, 내일은 승천해야 한다. 이 땅에는 너만큼 정직한 사람이 없다. 따라서 이 불모지를 옥토로 만들어 너에게 주겠다. 너는 이를 밭으로 일구면 될 것이다."

라고 말하고는 홀연히 사라졌다.

그 다음 날부터 계속해서 큰비가 내렸고 평야에 자라고 있었던 초목, 여기저기에 산재해 있던 자갈 등이 모두 흘러가 버리고 그 물이 빠진 자리는 훌륭한 옥토로 변하였다. 결국 이부평은 대지주가 되었다.

이때 이 비 덕분에 성천成川의 각걸산角乞山이 흘러와서는, 평야 한 가운데에 사단社壇이라는 작은 산이 되었다.

의구총義狗冢

옛날에 어떤 사람이 개를 키우고 있었다. 매우 귀여워했기에 개도 주인을 잘 따랐다.

어느 날 주인은 그 개를 데리고 나들이를 갔는데 도중에 술집에서 술을 마시고는 동서도 분간 못할 만큼 크게 취하여서 들판에서 잠들어 버렸다. 마침 늦가을이라 초목도 모두 말라 버렸을 때였다.

주인이 기분 좋게 잠자고 있을 때에, 어찌된 일인지 들불이 일어나 점점 퍼져오기 시작하였다. 개는 짖어대며 주인에게 알리기 위해 옷을 물고는 끌어당겼으나 주인은 잠에서 깨지 않았다. 그러던 중, 불길은 점점 더 거세졌고 마침내 절체절명의 순간, 스스로 불 위를 굴러다니면서 불을 끄기 시작하였다. 결국 불은 꺼지고 주인이 잠든 곳까지 닿지 않았으나, 불쌍하게도 개는 온몸에 화상을 입고 그 자리에서 죽어 버렸다.

잠시 후, 차가워진 바람에 주인은 불현듯 잠에서 깨어났다. 그러나 그의 곁에는 귀여워하던 개가 죽어 있었고, 불이 난 흔적이 보였다. 주인은 개의 덕으로 목숨을 부지하였다는 것을 한눈에 알 수 있었다.

주인은 크게 슬퍼하면서 정성으로 개의 장례를 치른 다음, 큰 봉분을 지어서 의구총이라 이름 지었다.

그것은 지금 용강군龍岡郡 토성면土城面 부근에 남아 있다.[18]

근암筋岩

진시황제[19]가 만리장성을 쌓을 때, 친히 조선에 와서 채찍을 휘두르며, 커다란 바위를 쫓아서 몰았다. 아무리 커다란 바위라 할지라도 한 번 채찍으로 후려치면 몇백 리나 이동했다. 황제가 사방에서 몰아 용강군龍岡郡 지운면池雲面의 근암촌筋岩村에 내려 놓았을 때, 갑자기 국내에서 폭동이 일어났다. 제 아무리 진시황이라 할지라도 이는 예상외의 일이었다. 만리

18 평안남도.
19 황기415~430(기원전246년~231년).

31

장성은 국외의 적을 막기 위해 만드는 것이나 국내에 반란이 일어나서는 곤란하기에 그대로 돌을 놓아 두고 귀국하였다.

그 후, 또 다시 올 기회도 없었기에 돌은 그대로 남아, 그로 인해 근암이 생기면서 마을이름이 되었다.

미혈米穴

평안남도平安南道 평원군平原郡 영유읍永柔邑에서 남서쪽으로 3리 떨어진 곳에 대원산大圓山이라는 반원형의 산이 있었는데 정상에는 절이 하나 있었다.

이 절의 부엌 구석에는 작은 구멍이 하나 나 있는데 그 속에서 매일매일 스님들이 먹을 만큼의 쌀이 나왔다. 만약 손님이 찾아왔을 때에도 그만큼만 딱 알맞게 나와서 먹는 데에 곤란을 겪는 일은 없었다.

어느 날 욕심 많은 중이,

‘만약 이 구멍을 크게 하면 더욱 많이 나올 것이다.’

라고 생각하여, 호미로 그 구멍을 크게 해 보았다. 그러자 이제까지 쌀이 나오던 구멍에서 깨끗한 물이 흘러나오기 시작하였다. 그때부터 이 절의 스님들은 일하지 않고서는 먹지 못하게 되었다.

또한 순천順天의 안국사安國寺 옆의 바위 구멍에서 물이 흘러나오는 곳이 있다. 이 구멍에 대해서도 앞서 말한 것과 같은 설이 있다.

또한 일설에는 낭림산狼林山의 남서쪽 성룡면成龍面의 성룡사成龍寺에도 이와 동일한 이야기가 있다.

이 성룡사는 영원寧元의 북서쪽 약 10리 정도 떨어진 곳에 있으며 산수가 수려하고 기암괴석이 많아 경치 좋기로 유명한 곳이다. 절의 동쪽에 미혈이라 부르는 것이 있는데 지금은 물이 흘러나오고 있다.

옛날 이 구멍에서는 항상 쌀이 흘러나와 절의 주지는 편하게 살아갈 수 있었다. 어느 날, 어딘가에서 한 명의 행각승이 와서는 하루 묵어 가게 해 달라고 하였다. 주지는 흔쾌히 이를 승낙하고 갖가지 대접을 하였다. 그러던 중, 결국에는 서로 자신의 절을 자랑하기 시작하였다.

성룡사의 주지는

"이 절에 쌀이 나오는 구멍이 있어 시주를 받지 않아도 되고 탁발을 나가지 않아도 된다오. 평생토록 편하게 살아갈 수 있지요."

라고 말하였고 행각승이 밀리는 상황이 되자,

"그런 신기한 일이 있을 리 없소. 정법에 '불가사의한 일은 없다'라는 말을 모르시오?"

하며 싸움을 걸었다. 주지는 웃으면서,

"백문이 불여일견不如一見이니, 조금 보여 주겠소."

하면서 행각승을 데리고 가서 보여 주었더니 행각승은 갑자기 부러워졌다.

"이는 실로 신기한 구멍이로다. 이것만 보면 이 안에 얼마만큼 쌀이 있는지 알 수 없으니 구멍을 조금 더 크게 해 봅시다. 그러면 둘이서 먹을 만큼의 쌀이 나올 것이니 저를 이 절에 있게 해 주면 안 되겠소?"

라고 말하였다. 주지도,

"그렇군요, 저도 홀로 있는 것보다는 말동무가 있는 것이 좋소. 그렇다면 당신이 말한 대로 조금 파 보도록 합시다."

둘이 호미로 구멍을 넓히자 쌀은 나오지 않고 대신 물이 흘러나오기 시작했다.

또 다른 일설로는 대동군大同郡 풍동면風洞面 고영산古靈山 남동쪽 끝자락
에 수락사水落寺가 있는데 고려 시대에 건축되었으나 이 절 부엌 구석에
미혈이 있었다고 한다.

응봉鷹峯

평원군청平原郡廳은 영유永柔에 있다. 이 영유는 금계가 알을 품은 형상을
하고 있으며, 또한 그 동쪽에 있는 작은 봉우리는 응봉이라 하여, 매의
형상을 하고 있다. 이 응봉의 뒤, 즉 북동쪽 기슭에 영천사靈泉寺라는 작은
절이 있다.

이 절에 가고자 하는 사람은 모두 응봉 앞을 지나게 된다. 하지만 평원군
군수만은 이 봉우리 앞을 지날 수가 없다. 만약 억지로 지나가면 반드시
파직된다. 따라서 군수는 영천사에 참배할 수 없게 되어 있다.

지금부터 56년 전, 한번은 어느 군수가 이 절에 참배한 적이 있으나,
몇 달 지나지 않아 파직되어 한양으로 돌아가게 된 적이 있다.

이는 군수를 닭으로 보고 응봉을 매로 보았기에 이러한 소문이 생겨난
것이다.

승아산崇兒山

순천군順川郡 읍내에 동쪽으로 약 2리 정도 떨어진 곳에 은산면殷山面이 있고, 그 남동쪽에 숭아산, 그 서쪽에 장선강張鮮江이 있으며, 그곳에 원통교怨痛橋가 있다.

옛날 장선張鮮 사람이 경성에 와서 진사에 급제를 하고 기쁜 마음으로 돌아가던 도중, 한 미인을 만났다. 미인은 장선에게,

"저는 숭아선녀이며 천제의 여식입니다. 아버지의 명에 따라 당신을 마중하기 위해 왔습니다. 부디 저와 함께 저희 아버지를 만나러 가시죠."
라고 말하였다. 장선은 이를 거절하였다.

"나는 지금 경성에서 집으로 돌아가는 길이다. 함께 갈 수는 없다."
라고 말하였으나, 선녀는 이를 받아들이지 않았다.

"그것은 잘 알고 있습니다. 그러나 저는 당신의 부인이며 당신은 저의 남편입니다. 이제 아버지께 갑시다."
라고 말하는데, 오색 구름이 눈앞에 내려왔다 싶더니 어느새 두 사람은 구름에 올라타 있었다. 그리고 함께 하늘로 올라갔다.

그 무렵, 하계는 심한 가뭄으로 백성들이 모두 곤란한 상태였다. 천제는 이를 걱정하여 숭아선녀에게 명하여 비를 내리게 하였다. 선녀는 병을 하나 꺼내 기울여서는 비를 내리고 있었는데 장선은 이를 보고 신기해하며, 자신도 비를 내려 보고 싶다고 선녀에게 이야기하였다.

"그렇다면 이 병을 조금 기울여야 비가 오고, 너무 많이 기울이면 폭우가 내립니다."

장선은 병을 잡으려고 했는데 잘못하여 지상으로 떨어뜨려 버렸다. 그

러자 폭우가 내리기 시작했고 산은 무너지고 강은 줄기가 바뀌었다. 결국 그 부근의 지형이 변하여 새롭게 숭아산이 생기고 장선강이 생겼다. 병이 떨어진 곳은 수원리, 이곳에 다리를 놓은 것이 원통교이다.

윤씨연尹氏淵

순천군順川郡 남쪽으로 약 10정 정도 떨어진 평동坪洞에 윤씨연이라는 연못이 있다.

지금부터 약 500년 전에 윤강尹剛이라는 사람이 있었다. 이 집은 매우 부유했는데, 한 마리의 백마를 키우며 이를 매우 중히 여겼기에 항상 마당 앞의 우물가에 이를 매어 놓았다.

어느 날, 우물에서 구름이 올라오더니 청룡이 나타나서 이 백마와 교미하였다. 윤강은 마침 그때 마루에 나와 있었는데, 활에 화살을 메겨 힘껏 당겨 청룡을 향해 쏘았다. 틀림없이 맞은 듯 하였으나, 청룡의 모습은 보이지 않았다.

청룡이 사라졌다고 생각한 순간, 갑자기 검은 구름이 일어나고 천둥 번개가 치며, 큰비가 이틀, 사흘간 쉬지 않고 내렸다.

비가 그치고 천둥이 멈추었을 때, 이미 윤강의 집은 전부 물에 잠겨 버렸고 그 자리는 물바다가 되어 있었다.

이 연못은 윤씨연이라 하여, 지금도 남아 있다. 가로로 13칸 정도, 세로는 15정 정도 될 것이다.

진복암眞福巖

정주군定州郡 마산면馬山面에 호랑이가 입을 벌리고 웅크리고 있는 것 같은 바위가 있다. 동네 사람들은 진복암이라 이름 붙였다.

옛날, 중국의 황제가 조선의 장군이 중국으로 쳐들어오는 꿈을 한 번도 아닌 세 번씩이나 꾸었다.

"이는 조선에 위대한 인물이 태어날 전조일 것이다."

라고 생각하여 은밀히 사신을 조선으로 보내 지세地勢를 관찰하게 하였다. 사신은 이 산으로 와서, 이 바위의 기묘함에 놀라 철을 녹여 그 입에 부어 버렸다. 그 후에 황제는 꿈을 꾸지 않게 되었으나 그때부터 산 아래 마을에서는 위인이 태어나지 않는다고 한다.

산이 빌린 돈山의借金

정주군定州郡의 서남쪽에 임해산臨海山이 있었다. 산 아래는 임씨林氏 성을 가진 이들이 많았다.

또한 임씨 성을 가진 부자가 많다는 것으로도 유명하였다.

하루는 경성에서 한 남자가 정부에 출두하여,

"저는 정주의 임해산이라고 합니다. 이번에 경성에 와서 갑자기 돈이 필요하게 되었습니다. 그러나 아는 사람도 없고, 집에 다시 가서 돈을 가져올 수도 없습니다. 정말 죄송하지만 금 일만 냥 정도 빌렸으면 합니다. 1년이 지나면 반드시 갚겠습니다."

37

하며 부탁했다. 관리들은 일만 냥이라는 돈을 아무렇지도 않게 빌리려고 하다니 웬만한 부자가 아닐 것이라고 생각했다. 그것만 보아도 정주의 임씨가 통이 큰 것을 알 수 있었기에, 전혀 의심하지 않고 빌려주었다. 그런데 돈을 갚아야 할 기일이 지나도 아무런 소식도 없었다. 어떻게 된 일인가 해서 정주의 관리에게 알아보게 하니,

"임해산이라는 사람은 정주에 없으나 임해산이라는 산은 있다."

라는 답변이 돌아왔다. 정부가 당혹해함은 두말할 것도 없었지만 그렇다고 어찌할 도리가 없었다. 상의한 결과,

"그럼 그 산을 채무자로 하자."

라고 결정하였다.

임해산은 지금도 금 일만 냥의 채무를 지고 있는데 언제나 되어야 시효가 끝날까?

형제암兄弟巖

평안북도平安北道 희천군熙川郡 동창면東倉面을 흐르는 강 가운데에 30여 척의 바위가 서 있다. 이를 복죽암伏竹巖 혹은 장군암將軍巖이라고 한다.

옛날에는 이것과 같은 바위가 하나 더 있었는데 두 바위는 형제였다. 그런데 어떤 사람이 이를 보고 부부라고 말하자, 한쪽이 넘어져 버렸다.

설성관雪城館

평안북도平安北道 삭주군朔州郡은 지금으로부터 522년 전에 처음으로 군수가 파견되어 큰 관저에 살았다. 이후 41년이 지나서 군을 옮기려고 여기저기 읍성을 지을 장소를 찾았으나, 의견이 분분하여 정하지 못해 시간만 흐르고 있었다. 그러던 중 하룻밤 사이에 큰 눈이 오고, 이를 이상하다 여긴 사람들이 다음 날 모이자 신기하게도 눈이 정방형으로 쌓인 곳이 있었다.

이를 본 사람들은

"이는 길조다. 이 곳을 기반으로 하여 읍성을 만드는 것이 좋겠다."

하고 바로 결정이 나서 즉시 공사에 착수하였다. 이 눈이 내린 곳이 바로 초하룻날(삭일朔日)이었기 때문에 이곳을 삭주군이라고 이름 붙이고 또 이 때문에 삭주성을 설성관이라고 부르는 것이다.

또한 벽용군碧潼郡을 정할 때에도 지금의 장소에만 어느 여름날에 눈이 내렸다. 그곳에 쌓은 성이어서 이곳도 설성관이라고 한다고 한다.

또한 신라의 승 도선道詵이 기록하기를,

"이어서 왕이 될 자는 이씨 성으로 한양을 도성으로 할 것이다."

라고 하였다.

고려 중기에 윤관尹瓘이라는 사람이 백악白岳(지금의 경성 북쪽에 있는 북한산)의 남쪽 토지를 정하여 오얏나무를 심게 하고, 이것이 자라면 잘라서 번성하지 못하게 하였다. 이후 이씨 왕조가 들어섰을 때 무학 스님에게 도읍이 될 땅을 정하게 하였다. 무학은 백운대에서 점차 만경萬景에 이르렀고, 다시 그 서남쪽의 산맥에서 비봉碑峯에 이르는 큰 비석을 보았다. 이는 예전에 도선이 세운 것이었다.

무학은 길을 잃어 이곳까지 온 것이기 때문에, 길을 제대로 찾아 만경의 정남향에서 직선으로 백악에 이르러 삼맥이 합쳐지는 곳을 보았으며 그곳을 궁성으로 정하였다. 그곳은 고려왕조에서 오얏나무를 심은 곳이었다.

그리고 외성을 쌓으려는데, 아직 측량도 하지 않고 주위도 원근도 정하지 않았으나 어느 날 밤, 큰 눈이 내려 밖에는 많이 쌓였는데 안에는 전혀 쌓이지 않았다. 태조는 이를 이상히 여겨 눈의 경계를 따라 성곽을 쌓은 것[20]이 지금의 경성이다.

우걸지雨乞池

평안남도平安南道 개천군价川郡 북원면北院面의 헌병분견소에서 북으로 약 1리 정도 떨어진 안만도로安滿道路 서편에 둘레가 100미터 정도의 저수지가 있다. 이 저수지는 옛날부터 기우제를 지내는 곳이며 조선 사람들 사이에서는 일종의 두려움과 숭배의 대상인 신비로운 저수지로 물에 손을 대지도 않을 정도였다. 때문에 잉어나 붕어, 자라 등이 무수히 서식하고 유유자적하는 곳이었다. 이를 알게 된 내지인(일본인)들은 아깝다고 여겼으나 그렇다 해도 손을 대려 하는 사람까지는 없었다.

그런데 대정大正 6년(1917년) 4월 28일에 북원에 사는 가지하라 히토시梶原等라는 남자가 내지인인 젊은 남자를 몇 명 모아서

"대정인 요즘 시대에 잉어나 붕어를 잡았다고 무슨 일이야 일어날까."

---

20 황기2052~2058(서기1392년~1398년)

하여 각각 그물이나 그 외의 고기잡이 도구를 가지고 저수지에 갔다. "한바탕 낚아볼까" 하려는 순간 조금 전까지 맑던 하늘이 갑자기 구름이 끼어 마치 먹을 뿌린 것 같고, 한순간 바람이 휙 하고 불었다. 큰일이 나나보다 하는데 천둥번개가 귀를 찢는 듯하고, 비는 금세 억수같이 쏟아졌다.

일동은 잠시 "이쯤이야." 했지만, 점점 공포를 느끼고 엉금엉금 기어서 집으로 도망갔다.

이 일이 크게 알려져 여러 가지 소문이 무성해졌다. 가지하라 히토시는 "이대로 잠자코 있으면 내지인의 수치다."

라고 하며 이번에는 앞서보다 한층 더 큰 규모의 사람들을 이끌고 가 저수지의 물을 모두 마르게 하여

"미신을 믿는 자들을 정신 차리게 해야겠다."

하며 사람들이 분담하여 일을 시작하려 하였다. 그러자 날씨가 또다시 전처럼 구름이 끼기 시작하더니 천둥번개와 비가 이전보다 한층 심해져서 아무리 해도 저수지에 다가갈 수가 없었다. 그래서 결국 미신을 깨는 것을 단념하였다.

이는 개천의 헌병문 단장이 경무부 앞으로 보고해 온 사실이라 하여 대정5년(1916년) 2월 25일의 서선일보西鮮日報에 실린 일이다.

수류산水流山

옛날에 비가 많이 내렸을 때, 하늘에서 아홉 마리의 용이 내려와 영원군寧遠郡의 서쪽 서창西倉에 있는 산을 잘라 흘려보냈다. 그러자 이 산이 덕천

읍德川邑 내로 흘러왔다.

영원 사람들은

"이 산은 우리들 산이다."

라고 하여 매년 세금을 걷으러 왔다. 덕천에서는 실제로 흘러온 산이었기 때문에 어쩔 수 없이 달리 불평도 하지 않고 세금을 내고 있었다.

어느 날 아무개라는 13살짜리 소년이 군수가 되었다.

그때 영원에서 또 세금을 걷으러 왔다. 관리들은 지금까지의 습관을 군수에게 아뢰고 세금을 내려고 하였다. 그러자 군수는

"그럴 필요가 없다. 올해부터는 세금을 저쪽에서 받아야 할 것이다. 이 사실을 영원 군수에게 알려라."

라고 하여 관리들이 그렇게 하자, 영원 군수가 매우 노하여

"지금까지 매년 세금을 내놓고 이제와서 내지 않겠다는 이유는 없다."

라고 하여 담판을 지으려 하였다. 소년 군수는 아무렇지도 않게

"이 산은 당신의 군에 있었던 산으로 우리 군에 손님으로 와 있으니 식대를 내는 것은 당연하다. 만일 식대를 내지 못한다면 우리 군에 있을 수 없다. 부디 빨리 데려가기 바란다. 또한 지금 들으니 올해까지 매년 우리가 세금을 냈다고 하는데 그건 뭔가 잘못 아는 것이다. 만일 그것이 사실이라면, 햇수를 조사하여 지금까지 낸 돈을 전부 이자를 쳐서 돌려받아야 할 것이다."

라고 반박하였다.

이후 영원에서는 세금을 걷을 수 없게 되었다.

또한 평양平壤의 능라도綾羅道는 본디 성천군成川郡 소속이었다. 어느 날 홍수가 나서, 아홉 마리의 용이 이 섬을 머리에 이고 왔다. 따라서 성천

군수는 이 섬의 세금을 걷고 있었다. 이후 평양의 관찰사가 성천 군수에게 통지하기를,

"이 섬이 너희 군의 토지라면 어서 가지고 돌아가기 바란다. 여기서는 필요없어 골치다."

라고 하여 성천 군수는 어쩔 수 없이 그 후에 세금을 걷으러 오지 않았다.

구룡석九龍石

영원寧遠의 수류산水流山을 자른 아홉 마리의 용은 동쪽의 용연리龍淵里에 가서 한동안 머무르다, 다시 온천리溫泉里로 와서 산을 자르고, 또 사창社倉의 황처령黃處嶺을 자르러 가는 중에 물 긷는 한 여자를 만났다. 이 여자는 용을 보고

"개 같다."

라고 비웃었다. 용은 나쁜 말을 들었기 때문에 바로 돌이 되었고, 여자도 그대로 돌이 되었다.

지금도 길가에 사람 같은 돌과 그 옆에는 소가 누워 있는 것 같은 아홉 개의 돌이 늘어서 있다.

수옥석手玉石

후창군厚昌郡 동흥면東興面에 죽암竹岩이라는 큰 돌이 있고 가운데쯤에는

43

손 모양이 새겨져 있다.

전설에 의하면 옛날 이 장군이라는 사람이 지나支那(중국)에서 가지고 왔다고 한다.

삼족우三足の牛

황해도黃海道 서흥瑞興읍내에서 1리 정도 떨어진 곳에 서원산西遠山이라는 산이 있다.

이 산에는 은으로 된 소가 있었는데 누군가 그 뒷다리를 하나 잘라서 가져가 지금도 세 발로 걷고 있다. 가끔 이것을 보는 사람이 있다. 또 생금生金이 저녁에 나와 놀고는 하는데, 사람이 이를 잡으러 가면 없어진다고 한다.

용정龍井

황해도黃海道 장연군長淵郡 용연면龍淵面 용정리龍井里에 용정이라고 하여 넓이는 10평 정도로 물이 실로 깨끗하고 맑은 우물이 있다.

옛날 구체적인 시기는 알 수는 없지만 이 마을에 무사 김선달金先達이라는 자가 있었다. 이 사람의 무예는 유명하여 주위에 모르는 자가 없었다.

그 김무사가 어느 날 밤 꿈을 꾸었다. 백발의 노인이 와서

"나는 용정에 사는 청룡인데 요즘 황룡이 와서 내가 사는 곳을 빼앗으려

고 하오. 내가 오랫동안 살고 있던 우물이라 호락호락 넘겨주는 건 실로 억울하다오. 그러나 지금 내 힘으로는 어떻게 할 수가 없소. 당신은 무예에 능하니 부디 나를 도와주기 바라오."

김 무사는

"당신이 그토록 애원한다면 도와주겠소. 어떻게 도우면 되겠소?"

라고 묻자 노인은

"내가 내일 황룡과 싸울 때 황룡의 몸을 들어 올릴 테니, 이를 표적으로 해서 활로 쏘아 죽여 주시오."

이렇게 약속하고 꿈에서 곧 깨어났다.

이튿날 김 무사는 우물 근처에서 활을 들고 서 있자니 우물에서 검은 구름이 나와 퍼지더니 주위가 깜깜해졌다. 그 구름 속에서 황룡의 꼬리가 보였다. 그러나 용을 보는 것이 처음인지라 두려워 활을 쏘지도 못하고 있자 구름이 걷히고 본래대로 맑아졌으며, 용의 모습도 안 보이게 되었다.

그날 밤 꿈에 다시 노인이 와서

"오늘은 어찌하여 황룡을 쏘지 않았오?"

하며 따지자

"정말로 미안하오. 사실은 용을 보는 것이 처음이어서 두려워 활을 쏠 수가 없었으나 내일은 반드시 쏘겠소."

라고 대답하자,

"그럼 내일은 꼭 쏘아 주길 바라오."

하고 다시 약속하였다.

다음 날 김 무사가 다시 가 보니 어제와 같이 두 마리의 용이 싸우고 있는 듯했다. 그 속에서 황룡의 꼬리가 보여서 그것을 표적으로 활을 쏘자

맞은 것 같았고 피가 비처럼 떨어져 우물이 넘칠 것 같았다.

그날 밤 꿈에 다시 노인이 왔다. 그 얼굴에 기쁨의 빛이 만연해 있었다.

"오늘은 정말로 수고를 끼쳤으나, 다행히 황룡을 쓰러트려서 이젠 안심할 수 있소. 이에 사례를 하고 싶은데 무언가 바라는 것은 없소?"

라고 하자 무사는

"나는 지금 별로 바라는 것이 없소이다."

라고 하였다. 그러자 노인은

"그러면 이 앞의 황무지를 논으로 만들어 주겠소. 그것을 자손대대로 물려주시구려."

라고 하였다. 무사는

"논은 물이 필요한데 이 부근은 물이 없소. 애써 논을 만들어 줘도 물을 댈 곳이 없으면 별 수가 없소이다."

노인은 잠시 웃고는 그대로

"그런 건 생각하지 말고 기다려 보시오."

무사는 꿈에서 깨어났다.

다음 날은 아침부터 번개가 번쩍이고, 천둥이 치고 큰비로 차축車軸이 떠내려갈 듯하였다. 갑자기 우물에서 물이 넘쳐 그 부근 일대에 흐르더니 수천 석의 논이 되었다.[21] 이것이 바로 지금의 만석동萬石洞이다.

김 무사의 본관은 광산光山이었는데 그 자손은 장연에 수천 명이 있고, 수백 호가 자리 잡아 이 우물을 용정이라고 불렀다. 가뭄 때에는 기우제를 지냈는데 반드시 영험이 있었다. 깊이는 어느 정도인지 아는 이가 없다.

---

21 수천 석의 씨를 뿌릴 수 있을 정도의 땅이다.

이 만석동은 김선달의 자손이 소유한 전답이었는데, 지금으로부터 백이삼십 년 전에 정부가 이 논을 국유지로 하였고 소작만은 그 자손에게 하도록 하였다.

세청산洗淸山(식기리산)[22]

황해도黃海道 풍천豊川의 서남쪽 약 2리 정도 떨어진 곳에 있는 세청산洗淸山이라는 곳은 경치가 좋고 매우 깔끔하여 더러운 것을 싫어하는 산이다.

그래서 가뭄 때는 여자아이들이 모여 단체로 떡과 밥을 싸 가서 여러 가지 놀이를 하고는 대변을 보고 돌아간다. 그러면 그날 밤이나 그 다음날에는 반드시 큰비가 내리는 것이었다.

그래서 식기리산이라고 하여 그 의미는 씻어서 정화시키는 산이라고 한다.

호산虎山

지금부터 약 500년 전, 안 모安某라고 하는 사람이 있었다. 이 사람은 가난한 데다가 아버지가 일찍 돌아가셨다. 이 사람은 매우 효심이 깊어서 아버지의 무덤 옆에 작은 움막을 짓고 매일 성묘를 하였다. 그렇게 3년을

---

22 **역주** 편자는 한글로 [식기리산이라고 쓰고 있다.

하루같이 지내고 있었는데 어느 날 큰 호랑이가 와서 움막 앞에 조용히 웅크리고 있었다. 이를 본 안은 매우 놀랐으나 호랑이는 딱히 위협하지도 않고 단지 머리를 늘어뜨리고 꼬리를 흔들 뿐이었다. 안은 신기하게 생각하였고 마음도 조금 안정되어,

"어서 너의 굴로 돌아가거라."

라고 쫓았으나 좀처럼 일어나질 않았다. 무언가 이유가 있는 것 같았으나 결국에는 천천히 안을 돌아다보면서 일어서 나가려고 하였다. 안은

"뒤를 따라와라."

라고 하는 것이겠구나 싶어 호랑이 뒤를 따라갔다. 그러자 어떤 곳에서 멈추어 서서 앞발로 땅을 파는 시늉을 하였다.

"아버지의 묘를 여기로 옮기라는 것이구나."

라고 생각하여 호랑이에게 인사를 하자 호랑이는 자신의 의사가 통한 것에 기쁜듯이 그대로 어디론가 가 버렸다.

그리하여 안은 그 다음 날 바로 많은 사람들에게 부탁하여 호랑이가 정해 준 장소에서 이장식을 거행하였다. 호랑이는 그날도 식장 근처에 와서 그 식을 보고 있었으나, 식이 끝남과 동시에 돌아가 버렸다. 그로부터 안은 점점 부자가 되어 나중에는 그 지방 굴지의 재산가가 되었다. 묘지 옆에 훌륭한 사당을 짓고 아버지를 모셨다. 또한 호랑이도 받들어 모셨다. 그로부터 그 장소를 호산이라 이름 붙였다.

호산은 백천白川 읍내에서 2리 정도 떨어진 곳에 있다.

용봉강龍峯江

황해도黃海道 곡산군谷山郡 읍내에서 동북 500미터 정도 떨어진 곳에 용봉이 있고 용봉강이 그 앞을 흐르고 있다. 그리고 그곳에 이태조李太祖의 왕비 강씨康氏의 집터가 남아 있고, 큰 비석이 세워져 있다.

이태조가 처음 하람산霞嵐山[23]에서 이 강을 건널 때 강씨가 물을 길으러 나왔다. 태조는 목이 말라

"물을 한 잔 달라."

라고 했다. 그러자 강씨는 바가지에 물을 담아 여기에 버드나무 잎을 띄워서 바쳤다. 그러자 태조는 매우 노하여

"물을 윗사람에게 바치는데 왜 그런 무례한 짓을 하는고?"

하며 혼냈다. 혼이 난 강씨는 조용히 입을 벌려

"오늘처럼 더운 날에 바로 찬물을 마시는 것은 좋지 않을 것 같습니다. 그리하여 천천히 드시라고 생각하여 버드나무 잎을 넣었습니다."

하고 말했다. 태조는 매우 감동하여 은으로 만든 작은 칼을 주며

"기념으로 하거라."

라고 하였다.

후에 고려의 도성인 개성을 공격하여 함락시키고 도성을 한양으로 정했을 때 강씨를 불러 왕비로 맞이했다.

일설에는

전라남도에 옛날 흥룡사興龍寺라는 절이 있었다. 그곳은 영산포榮山浦 앞

---

[23] 곡산에 있다.

의 작은 언덕 아래 있어 매우 큰 절이었으나 지금은 그 흔적만이 남아 있다.

고려의 태조비 오씨吳氏[24]의 아버지 다련군多憐君은 대대로 목포에 살고 있었다. 이 사람이 사간연위沙干連位의 딸 덕교德交를 처로 맞이하여 오씨를 낳은 것이다. 이 오씨는 어느 날

"포용浦龍이 배腹 속으로 들어왔다."

하고 꿈을 꾸고 깨어나 부모에게 아뢰었다. 그때 태조가 수군의 장군이 되어 나주에 와서 배를 목포에 정박시켰는데 주위를 둘러보니 모래사장에 오색구름이 끼어 있었다. 그곳에 가니 한 여자가 빨래를 하고 있었다. 태조는 그 여자에게

"물을 한 바가지 주겠는가."

하고 부탁하자 버드나무 잎을 띄워 내어 주었다. 이는 너무 빨리 마시지 말라는 의미였다.

태조는 이를 기이하게 여겨 후에 왕비로 맞이하였다. 이것이 바로 오씨이고 혜종왕의 어머니이다.

후에 이곳에 세운 절이 홍룡사였다.

풍생혈風生穴

황해도黃海道 은율군殷栗郡이 매년 8월에 풍해를 입지 않는 이유는 구월산

---

24 장화왕비莊和王妃라고 한다.

에 풍생혈이 있기 때문이다.

풍생혈은 좌우에 하나씩 큰 바위가 벽처럼 서 있고 그 위에 큰 바위가 엎어진 구멍이다.

금척릉金尺陵

신라[25] 왕실에는 대대로 전해 내려오는 금척이라는 것이 있었다. 이 금척으로 병자를 재면, 그 병은 바로 나았고 죽은 자를 재면 그 사람이 바로 살아난다는 중요한 보물이었다.

그런데 어느 대에서인지

"이는 하늘의 이치를 거스른다."

라는 이유로 이를 땅속에 묻고 그 장소를 모르게 하려고 똑같은 모양의 흙무덤을 26개 만들었다.

경주慶州 부근에는 지금도 원추형의 흙무덤이 여기저기 산재해 있다.

전포錢浦

당나라 선종황제宣宗皇帝가 소년 시절에 오랫동안 나라 밖을 떠돌며, 상선商船을 타고 바다를 건너 개성의 서포西浦에 도착했다. 때마침 썰물 때여

---

25 황기(604~1595)(기원전57년~서기935년)

서 강기슭이 진흙투성이였고, 함께 온 관리들은 배 안에 있던 동전을 땅에 깔아 육지로 올라왔다.

전포라는 이름은 여기서 연유된 것이다.

대정大井

개성開城의 서쪽에 샘물이 솟는 곳을 대정이라 하여 깊이는 2척 정도이다. 이곳은 옛날 고려의 태조제건太祖帝建이 용녀와 함께 개성의 산록에 와서 은그릇으로 땅을 파니 물이 나와 우물이 되었다.

이 물이 붉게 탁해지면 반드시 병변이 있었다. 공민왕恭愍王[26] 10년(1361) 6월에도 우물색이 노랗게 변했다.

칠성암七星巖

대구大邱에 칠성공원七星公園이란 곳이 있었는데 몇 년 전 철도용지로 그 풍경이 망가져 버렸다. 그곳에는 인명을 새겨 넣은 7개의 바위가 있다.

옛날 경상도 관찰사인 이태영李泰永이란 사람에게 7명의 아들이 있었다.

어느 날 밤 꿈에

"대구의 북문 밖에 7개의 별이 떨어졌다."

---

26 황기2012~2034(서기1352~1374년)

라는 내용의 꿈을 꾸고 다음 날 아침 일어나서 보니 어제까지 없던 돌 7개가 북두칠성처럼 위치해 있었다. 관찰사는

"나에게 자식이 7명 있는데 이 돌이 7개인 것은 무언가 상서로운 일일 것이다."

라고 생각하여 석공에게 명하여 7명의 아들의 이름을 그 7개의 돌에 새겼다.

신기한 것은 그 아이들은 성장함에 따라 그 돌을 닮게 되었다. 체격의 크고 작음도 이 돌을 닮았다. 그 형태가 늠름한 3개에 해당하는 아들은 3명 다 무관이 되었고, 비교적 모서리가 적은 3개에 해당하는 아들 3명은 과거에 급제하여 문관이 되었다. 나머지 하나 둥근 돌에 해당하는 아들은 관직 없이 평범하게 세상을 떠났다.

7명의 이름은

이의갑李義甲 이의두李義斗 이의평李義平 이의승李義升

이의준李義準 이의조李義肇 이의장李義章

그 후 이의두의 딸의 손자라는 경상북도의 모 관찰사는 이 사실을 후세에 전하기 위해 칠성암 부근에 많은 나무를 심어 중앙에 의북정依北亭이라는 정자를 지었다.

옛사람의 시에는

항시 북두에 의지하여 경화를 바란다. 常依北斗望京華

라고 했다. 의북정은 여기서 딴 이름이었다. 지금은 의북정은 흔적도 없고 단지 몇 그루의 커다란 느티나무만 그 시절의 모습을 남기고 있다.

연천鰊泉

대구大邱에 달성공원達成公園이란 공원이 있다.

옛날에는 이곳이 서씨徐氏의 소유지였다. 서씨는 여기에 살고 있었는데 우물이 없었기 때문에 매우 불편하였다. 이 사람은 부유했고 마음 또한 자비로웠기에 사람들에게 매우 존경을 받았다. 어느 날 성 밖에 우물을 파자 그 물이 매우 좋아 기뻐하며 후에는 이 물을 식수로 하였다. 그런데 신기한 일이 벌어졌다.

서씨의 집에 손님이 찾아 와서 이 물을 길으러 갔더니, 우물 안에는 청어 (鰊)가 있었고 두레박 안으로 들어왔다. 서씨는

"이것 참 맛있겠다."

하고 이를 손님에게 권하였다.

이로부터 항상 손님이 올 때마다 그 숫자에 맞추어 청어가 두레박 안으로 들어왔다. 그로부터 이 우물은 연천이라고 이름 붙여졌다.

지금은 달성공원 밖에 형태만 남아 물이 조금 남아 있으나 대부분은 막혀 버렸다. 물론 청어도 나올 리는 없다.

제2부

—

인물

단군檀君

평안북도平安北道 영변寧邊 동쪽 10리에 태백산太白山이라는 산이 있다. 그곳의 가장 높은 봉우리는 향로봉香爐峰이라고 하여 1,371미터나 된다고 한다. 이 산에는 향목香木이 많고, 또한 선인仙人이나 불타佛陀의 유적이 있다고 하여 묘향산妙香山이라고도 부른다.

조선朝鮮의 시조인 단군이 있었다고 하는 유적은 지금의 보현사普賢寺에서 동쪽으로 약 3리쯤 떨어진 남쪽 기슭에 있다. 높이 4장丈, 남북의 길이 5장, 동서의 길이 3장이 되는 커다란 바위에 갈라진 틈이 하나의 동굴을 이루고 있다. 이것이 그 흔적이다.

옛날 환인桓仁(제석천帝釋天)의 아들인 환웅桓雄이 인간 세상에 살고 싶어서 아버지에게 간청을 했다. 환인은 그 부탁을 들어주어 천부인天府印 3개를 주면서

"자, 이것을 가지고 가서 조선을 다스려라."

라고 명하였다. 환웅은 그의 부하 3천 명을 이끌고 태백산[1] 봉우리에 있는 신단수神檀樹 밑에 강림하였다. 이를 후세에서는 환웅천황이라 부른다.

환웅은 조선의 군주가 되었기에 풍백風伯, 우사雨師, 운사雲師 등을 임명하고, 첫 번째로 곡물, 두 번째로는 생명, 세 번째로는 질병 등, 인간 세상의 360가지의 일들을 다스리고 정사에 여념이 없었다.

이때 이 산에는 곰 한 마리와 호랑이 한 마리가 있었다. 이 둘이 함께 환웅이 있는 곳에 와서

---

1 묘향산의 다른 이름이다.

"부디 저희를 인간으로 만들어 주십시오."

라고 간청했다. 그러자 환웅은

"인간이 되려면 굉장히 어려운 일을 통과해야만 한다. 그것보다는 곰은 곰으로 호랑이는 호랑이로 있는 것이 나을 것이다."

라고 설득했으나 두 마리 모두 좀처럼 수긍하지 않았다.

"정 그렇다면."

하여,

"너희들에게 쑥 한 줌과 마늘 20개를 줄 테니 이것을 먹고 백 일 동안 햇빛을 보지 않도록 하여라."

라고 명하였다.

두 마리는 크게 기뻐하였다. 그리고는 자신의 굴로 돌아가 일러준 대로 고행을 시작했다. 그러나 호랑이는 도중에 곧 포기해 버렸지만 곰은 인내심이 꽤나 강했기에 조금도 꺾이지 않았다. 그러자 21일째에는 대원성취하여 몸 전체가 아름다운 여자로 바뀌었다. 곰은 이만저만 기쁜 것이 아니었다.

상황이 이렇게 되고 보니 묘하게도 '사람의 아이를 갖고 싶다.'라는 마음이 들었다. 그래서 그것을 환웅에게 간청하자 환웅은 그 부탁을 들어주어 스스로가 인간으로 변하여 신단수 밑에서 부부의 연을 맺었다. 이리하여 그 사이에서 태어난 것이 단군이다.

성장한 단군은 남들과는 달랐다. 사람들이 그를 왕으로 추대하였고 단군은 왕검성王儉城을 도읍으로 정하였다. 왕검이라고 하는 것은 단군의 호이다. 지금의 평양이 바로 왕검싱이라고 하는데 어디쯤 위치했었는지 그 흔적은 알 수가 없다.

단군은 나라를 조선이라 칭했다. 그것은 당나라 요임금 25년 무신의 해로, 그 후 1,500년 동안 조선을 다스렸는데, 주나라 무왕, 기묘년에 기자箕子가 조선으로 왔기에 단군은 아사달산阿斯達山[2]으로 들어가서 신이 되었다. 그때의 나이가 1,808세였다고 한다.

삼주신三柱の神

제주도濟州道에 아직 인간이 살지 않았던 아주 먼 옛날, 지금의 제주 읍내로부터 약 8정町쯤 떨어진 곳에서 삼주三柱의 신이 땅에서 솟아 나왔다. 제일 먼저 나타난 것을 양을나良乙那라 부르고 두 번째 나온 것을 고을나高乙那, 마지막은 부을나夫乙那라 불렀다.

이 삼신은 항상 사냥을 즐기고 날짐승의 고기를 먹고 몸에 가죽을 걸치고 있었는데, 어느 날 해안가에서 고기를 잡는데 파도에 흘러온 것을 발견했다. 그것을 집어 들어 보니 하나의 상자였다.

"무엇일까."

하며 그것을 부서뜨리자 안에서 자색 옷에 홍색 띠를 두른 동자와 돌 상자가 나왔다. 그래서 그 돌 상자를 깨뜨리니 안에서 파란 옷을 입은 아름다운 세 명의 공주와 망아지와 송아지, 오곡의 씨앗이 함께 나왔다.

삼신은 놀라 멍하니 서 있었는데 맨 앞의 동자가

"우리들은 일본에서 온 사자이다. 우리의 왕이 이 세 명의 여인을 낳았고 또한, 따로 서해 중악中岳에 신의 자녀 셋을 내려 보내어 이 나라를 세우고

---

2 황해도의 구월산이다.

자 하는 뜻이 있었기에 그것을 돕기 위해 이들을 보낸 것이다. 그 위업은 영원히 자손들에게 전해질 것이다."

하고는 어디론가 모습을 감추고 말았다. 삼신은 비로소 수긍하고는 그들을 함께 데리고 집으로 돌아가 각각 부부의 연을 맺은 후에, 양을나가 있는 곳을 첫 번째 도읍, 다음을 두 번째, 세 번째 도읍으로 정하고 동시에 오곡을 뿌리고 망아지와 송아지의 목축을 시작하였다.

　이것이 바로 제주도민의 시조가 되며, 도민들은 삼신이 출현한 곳을 성역으로 숭배하여 삼성혈三姓穴이라고 하는 비를 세워 두었다. 그리고 지금도 도민들 중에 양씨 성과 고씨 성을 가진 자가 매우 많은데 부씨 성은 그다지 많은 것 같지 않다.

제주도 삼성혈: 읍내에서 8정쯤 떨어진 곳에 있다. 옛날 삼신이 솟아나왔다고 하는 성역으로 도민이 이곳을 극진히 숭배하고 있다. 사진에 보이는 3개의 돌이 바로 삼신이 솟아나온 구멍의 흔적이라고 하는데, 진실인지 거짓인지 주위의 노송나무에게 물어봐도 그저 윙윙(거리며 시치미를 뗄 뿐이다.)하는 바람소리를 낼 뿐이다.

박씨朴氏

옛날 조선의 우거왕右渠王 때, 난을 피하기 위해 백성들 대부분이 영남嶺南 지역으로 내려갔다. 그 유민들이 여기저기로 나뉘어 동해의 해변가나 계곡 등에 살았는데 여섯 마을 정도 되었다. 그런데 그 마을에는 왕이 없었다. 흔히 말하는 진한辰韓의 육부六部라는 것이 바로 이곳이다. 육부의 이름은 알천閼川의 양산촌楊山村, 돌산突山의 고허촌高墟村, 취산觜山의 진지촌珍支村, 무산茂山의 대수촌大樹村, 금산金山의 가리촌加利村, 명활산明活山의 고야촌高耶村으로 모두 경주 지역 안에 있다.

그런데 한나라의 선제宣帝 지절地節 원년[3]에 이 다섯 마을의 촌장이 알천 기슭에서 대회를 연 일이 있다. 그때에 고허촌장인 소벌공蘇伐公이 양산 기슭의 나정蘿井 근처의 숲을 가리켜

"그곳에는 묘한 기운이 있다. 틀림없이 무언가 신비한 것이 있을 것이다."

라고 말하였다. 사람들은 이것을 듣고 가서 알아보고자 하였는데 두 마리의 말이 앞다리가 부러져 울고 있었다. 가까이 다가가서 보려고 하자 말은 흔적도 없이 사라져 버리고 말았다. 모두가 동시에

"글쎄, 세상에 신기한 일이 다 있군."

이라고 하자 누군가가 그 말이 있던 곳에서

"이것은 뭐지."

하면서 가져온 것을 보니 바가지 정도 크기의 알이었다.

---

3 황기592(기원전69년).

"깨뜨려보지 않겠는가?"

누가 말했는지 알 수 없지만, 모두가 일제히 그것을 깨 보려고 했다. 좀처럼 깨지지 않다가 드디어 깨고 보니 그 속에서 남자아이가 나왔다. 그 모습이 실로 멋지고 아름다운데 위엄마저 갖추고 있었다. 동천東川에서 물을 길어 씻기니 아이의 몸에서 빛이 날 정도였다. 아이가 열세 살[4]이 되었을 때 육부의 사람들은 모두 아이를 존귀하게 여겨 왕으로 받들었다.

이것이 신라의 시조인 박혁거세이다. 진한 사람들은 바가지를 박이라고 불렀는데, 그 알이 바가지처럼 크다고 해서 박을 성姓으로 했다고 한다. 또는 거서간居西干이라고도 칭하였다.

최치원 崔致遠

최치원은 신라시대 사람으로 선술仙術을 부릴 줄 아는 자였다. 한번은 중국에서 조선인의 능력을 시험해 보기 위해 옥상자에 무언가를 넣어서

"이 안에 있는 것이 무엇인지 맞추어 보라."

라고 하여 보내 왔다.

신라왕이 크게 당혹해하자, 어떤 사람이

"최치원밖에는 이것을 맞출 자가 없습니다. 최치원이라면 반드시 알 것입니다."

라고 아뢰었다. 왕이 기뻐하며 그를 즉시 불러들여

---

4 황기604(기원전57년).

"이 안에 있는 것이 무엇인지 알겠는가?"

라고 묻자, 최치원은

"아옵니다."

라고 대답했다.

"무엇이냐?"

"제게 종이와 붓을 주십시오."

그리하여 그가 쓴 것을 보니

둥글둥글 옥상자 속에	團團玉函裏
옥과 황금이 반씩 있네	半玉半黃金
밤마다 때를 알리는 새가	夜夜知時鳥
소리도 내지 못하고 있구나	含精未吐音

라고 쓰여 있었다.

왕은 이것을 가지고 중국으로 보냈다. 중국에서는

'달걀을 넣어 두었으니 앞의 두 구 만으로도 좋을 터인데 뒤의 두 구는

어떠한 의미일까?'

라며 이상히 여겨 돌려보내 온 상자를 열어 보니 달걀에서 부화한 병아리

가 죽어 있었다.

금와金蛙

부여大餘[5] 왕 해부루解夫婁가 노년에 이르러서도 자식이 없자 이를 괴로워하여 신에게 기원을 드렸으나 효험을 보지 못했다.

어느 날 곤연鯤淵이라는 곳에 가니 두 개의 커다란 돌이 마주보고 울고 있었기에 부하에게 명하여 그 돌을 굴리도록 하자 밑에서 남자아이가 나왔다. 기묘하게도 그 아이가 금색의 개구리 모양을 하고 있었기에 금와라 이름 지어주고

"이는 필시 평소에 기원을 드린 덕분에 신께서 점지해 주신 것이다."

라고 기뻐하며 잘 자라도록 아이를 길렀다. 금와가 성장한 후에 어느 날 태백산 남쪽에서 여자를 만나 그 내력을 물으니

"소첩은 해신의 딸로 이름은 유화柳花라 하옵니다. 소첩이 아우들과 함께 놀러 나왔는데 한 남자가 다가와서 '나는 천제의 아들인 해모수解慕漱라고 하는 사람이다. 내가 너를 아내로 삼을 것이다.'라고 하여 나를 웅심산 아래의 압록천가로 데리고 갔습니다. 그러자 나의 부모는 '중매자 없이 남자를 따르다니 괘씸하다.'라고 하여 소첩을 우발수라는 곳으로 귀양 보냈습니다."

라고 하였다. 금와는 그녀를 이상히 여겨 방 안에 가두었다. 그러자 햇빛이 그 몸을 비추기에 그늘 속으로 숨어 보면 그 빛은 다시 그 뒤를 쫓아 비추었다. 그 일이 있은 후 유화는 임신하여 커다란 알을 하나 낳았다. 금와는

"이는 상서롭지 못한 일이다."

---

5 충청남도 소재.

라고 하여 내다 버렸는데 개도 돼지도 먹지 않았다. 길가에 버렸는데도 소와 말조차 이를 밟지 않으려고 피하였다. 다시 들에 내다 버리니 새가 와서는 날개로 덮어 보호해 주었다. 금와가 그것을 깨 보려고 하였으나 단단하여 깨지지 않았다. 그러자 유화는 그것을 포대기로 싸서 따뜻한 곳에 두었다. 얼마 후에 남자아이가 껍질을 깨고 나왔다. 아이는 훌륭한 풍채였는데, 일곱 살 정도 되었을 때 스스로 활과 화살을 만들어 쏘며 놀았고 백발백중의 훌륭한 솜씨였다. 사람들은 아이를 주몽朱蒙이라 불렀다. 부여에서는 화살을 잘 쏘는 자를 주몽이라 부르기 때문이었다.

그 후에 금와왕의 일곱 왕자가 주몽을 시기하여 죽이려 하였다. 그러자 어미가 주몽에게 말하기를

"왕자들이 모두 너를 죽이려 하므로 잠시 동안 어디론가 피신해 있는 것이 좋겠다. 너의 재략이면 어디를 간들 걱정 없을 것이다."

라고 일러 주었다.

주몽은 오이烏伊, 마리摩離, 협부陜父 세 명을 데리고 부여를 떠나 동남쪽으로 가서 엄호수淹㴲水[6]까지 내려갔다. 그런데 이 강에는 다리가 없었다. 그때 부여에서 추격하는 자들이 뒤를 쫓아왔다. 진퇴양난에 처했을 때 주몽은 큰 소리로 물을 향하여

"나는 천제의 아들이자 해신의 손자이다. 지금 이곳까지 도망쳐 와서 적에게 쫓기고 있는데 이 강을 건널 수가 없으니 어떻게 하면 좋겠느냐."

라고 외쳤다. 그러자 강에 있던 모든 물고기와 거북이, 자라가 모여들더니 금세 다리를 만들었다. 주몽이 그 위를 건너가서 건너편 기슭에 닿자 물고

---

6 개사수盖斯水라고도 하며 압록강 동북방에 위치한다.

기와 거북이가 만든 다리는 모두 물속에 가라앉아 버렸다. 추격하던 병사들은 결국 주몽을 뒤쫓지 못했다.

주몽은 그 뒤로 불류수沸流水에 이르러 그곳에 거주하였다. 그가 바로 고구려의 동명왕東明王이다. 그때 그의 나이 22살로, 바로 신라 시조인 박혁거세 재위 21년[7]에 해당된다.

애비없는 자식親無し子

동명왕東明王이 부여夫餘에 거할 때에 예씨禮氏의 딸을 아내로 맞아들였다. 예씨 부인은 동명왕이 일곱 왕자의 난難을 피하여 몸을 숨긴 후에 홀로 아들을 낳았다. 이름을 유리類利라 지어주고 소중히 길렀음에도 불구하고, 대단한 난폭자로 자라게 되었다.

어느 날 큰길가에서 참새에게 돌을 던지고 있었는데, 잘못하여 물 긷는 여인의 항아리를 깨뜨리고 말았다. 여자는 대단히 노하여

"이 녀석 무슨 짓을 하는 거냐. 아비가 없으니 못된 짓만 일삼는구나."

하며 욕을 퍼부었다.

유리는 집으로 돌아와 아비가 없는 자식이라 말 들은 것에 대해 어머니에게 물었다. 어머니는 말하였다.

"너에게는 아버지라 할 만한 사람이 없단다."

유리는 이것을 듣고

---

7 황기624(기원전37년).

'사람으로서 아버지라 할 만한 사람이 없다면 세상 사람들 앞에 나설
체면이 없다.'
라고 생각하여 스스로 목숨을 끊고자 하였다. 어미는 놀라서 이를 만류하
면서,

"조금 전 이야기는 거짓말이란다. 너의 아비는 보통 사람이 아니니라.
사정이 있어 지금은 남쪽으로 피신해 있지만, 떠날 때에 '지금은 남쪽으로
피신가지만 징표를 남겨 두겠소. 일곱 봉우리, 일곱 골짜기가 있는 곳의
돌 위에 있는 소나무 아래에 있소. 그것을 가진 자가 나의 아들이오.'라는
내용이었다. 너는 그곳이 어딘지 알겠느냐."
라고 말했다. 유리는 산으로 가서 찾아봐도 어디인지 알 수가 없어 실망하
여 집에 돌아오자 기둥 속에서 소리가 나서 그 기둥을 쳐다보니 주춧돌에
일곱 개의 모가 있었다.

'일곱 봉우리 일곱 골짜기란 일곱 개의 모서리를 말하는 것으로 돌 위의
소나무란 바로 이 기둥임에 틀림없다.'

이렇게 생각하고는 바로 그 기둥 밑을 살펴보니 그 속에서 부러진 검이
나왔다. 그래서 그것을 가지고 아비 있는 곳으로 찾아갔다. 옥지屋智, 구추
句鄒, 도조都祖 세 사람이 함께 따라갔다.

동명왕은 그 부러진 칼의 다른 한쪽을 꺼내어 맞춰 보고는 유리를 자식
으로 인정했다. 그가 바로 유리왕이다.

사람의 알人の卵[8]

왜국倭國 동북 천 리 바다 속에 다파나국多婆那國(혹은 용성국龍城國이라고도 함)이 있었다. 그리고 부여夫餘 동쪽 천 리 바다 속에 여국女國이 있었다.

다파나국의 왕 함달파含達婆가 여왕국의 딸을 왕비로 삼았는데 칠 년 만에 커다란 알을 낳았다. 왕은 놀라

"이 어찌된 일인가. 사람이 알을 낳을 수는 없다."

라고 하여 내다 버리기로 하였다. 그러나 왕비는 면목이 없는 일인 줄 알면서도 자신의 아이이기에 '아무렇게나 내다 버리는 것도 불쌍하고, 게다가 이 알에서 뭔가 나올지도 모를 일이다.'라고 생각했다. 여러 가지로 궁리를 해 봤지만 수가 없어 결국 내다 버리기로 하였다. 포대기에 싸서 여러 보물과 함께 상자 속에 넣어 바다에 떠내려 보냈다. 그것이 파도에 흔들려서 금관국金官國의 해안에 다다랐다. 그곳에 살던 사람들은

"이런 것은 건져내도 별 거 없을 것이다."

라고 하여 또 다시 떠내려 보냈다. 그리고는 진한辰韓의 아진포阿珍浦 입구까지 흘러 들어갔다. 그때 한 노파가 그것을 발견하고는 열어보니 귀여운 남자아이가 들어 있었다.

노파는 크게 기뻐하여

"이는 너무 고마운 일이다. 분명 하늘이 점지해 주신 것이리라."

하며 소중히 길렀다. 아이는 점점 훌륭한 남자로 자라나 키는 9척이나 되고 실로 위풍당당하였다.

---

8 황기642~677(기원전17년~서기17년).

그 일 이후 이 노파의 집 부근에서 까치가 울게 되었는데 까치의 울음소리를 듣고 성을 석昔이라 하고 궤를 풀고 나왔다고 하여 탈해脫解라 이름 지었다. 탈해는 항상 고기를 잡아 노파를 봉양하였는데 어느 날 노파가

"너는 보통 사람과는 다른 관상을 지녔으니 반드시 출세할 것이다. 학문을 닦아 이름을 빛내거라."

라고 말하였기에 그때부터 탈해가 학문을 시작하였는데 특히 지리에 능통하였다. 어느 날 토함산에 올라 사방을 바라보며

"양산楊山의 한 봉우리에 해와 달의 기운이 있다."

라고 하면서 그곳을 바라보니 그곳은 호공瓠公의 저택이었다. 그래서 가만히 숫을 그 집 안에 묻어 두고는

"이 택지宅地는 나의 선조의 것이므로 안됐지만 돌려받아야겠다."

라고 하니, 이 느닷없는 생트집에 호공도 놀랐다. 쌍방이 이렇다 저렇다 해도 결국 결말이 나지 않고 입씨름으로 끝나버려 호공은 결국 관가에 호소하였다. 판관은 일단 양쪽의 주장을 듣고는

"네 선조의 택지라고 하더라도 무언가 증거가 있어야 할 것이다. 어떠냐, 증거가 있느냐?"

탈해는

"증거라 할 것은 지금은 아무것도 없습니다. 하지만 저의 선조가 본시 대장장이였는데 잠시 타지에 가 있는 동안에 남에게 택지를 빼앗겨 버린 것이므로 지금 그 택지를 파 본다면 숫이 많이 나올 것이라 생각됩니다."

라고 하였다. 그리하여 판관이 시험 삼아 땅을 파 보니 탈해가 말한 대로 대장장이가 사용했던 숫이 나왔다. 그래서 결국 탈해의 승리로 끝이 났다.

탈해가 후에 대호걸大豪傑이 되었을 때 남해왕南海王[9]은 그의 딸을 탈해의

아내로 주었다. 유리왕이 죽었을 때에 자리를 양보하여 후사로 삼았기에 신라의 제4대 왕[10]이 되었다. 그때의 나이 62세였다.

호공으로부터 빼앗은 택지에는 파사왕婆娑王 22년[11]에 성을 쌓았다. 이것이 월성月城이다. 그 모양이 반달 모양이라고 하여 반월성半月城이라고도 한다.

계림桂林

탈해왕脫解王이 어느 날 밤에 금성金城(경주의 경성京城)의 서쪽 시림始林 쪽에서 닭 우는 소리가 들려

"허허 이상한 일이로다. 밤중에 닭이 울 리가 없거늘."

하고 생각하여 즉시 대보大輔 호공을 불러서 이를 조사해 보도록 하였다. 호공이 즉시 월성(금성의 동쪽)으로 갔더니 서쪽의 시림 속에서 불이 타고 있었다. 그러자 자색 구름이 하늘로부터 슥하고 내려왔다. 구름 속에는 황금 상자가 있었는데 그것이 금세 나뭇가지에 걸렸다.

'이상한 일도 다 있군.'

하고 멍하니 서 있자 하얀 닭이 그 나무 밑에서 울기 시작했다. 호공이 돌아가서 그 자초지종을 이야기하자 왕은

"그곳에 직접 가 봐야겠다."

---

9 신라의 박남선왕朴南鮮王. 황기(664~683(서기4년~23년).
10 황기(684~716(서기24년~56년).
11 황기761(서기101년).

라고 하며 그 숲으로 행차했다. 그리고는 상자를 열어 봤더니 남자아이가 자고 있었는데 왕을 보고는 벌떡 일어났다. 그 모습이 너무나도 훌륭하여 왕은 아이를 안고 궁궐로 돌아왔다.

그리하여 아이를 키우니 나날이 무럭무럭 자랐다. 이름이 없었으므로 그저 "알지閼智"라 불렀다. 알지란 "소아小兒"라는 뜻이다. 그리고 길일을 택하여 그를 태자로 책봉하였다.

이 태자는 금 상자에서 나왔으므로 성을 김씨金氏라 하였다. 또한 시림을 계림鷄林으로 고치고 이를 국호國號로 정하였다.

약반藥飯

신라新羅의 소지왕炤智王이 즉위 십 년 되던 해[12] 정월 십오일에 천천정天泉亭에 행차하였다. 그곳에 한 마리의 까마귀와 쥐가 싸우고 있었다. 왕은 기사에게 까마귀를 쫓아가도록 했다. 기사는 계속 쫓아 남쪽의 피촌避村으로 들어갔는데 두 마리의 멧돼지가 싸우고 있기에 그것을 보고 있는 동안에 그만 까마귀는 어디론가 가 버리고 말았다. 그때 한 노인이 연못 속에서 나와서 상자를 봉납했다. 왕이 그 상자를 열려고 하였으나 상자 겉에

　'이 뚜껑을 열게 되면 두 사람의 목숨이 없어질 것이다. 또한, 열지 않으면 한 사람의 목숨이 없어질 것이다.'

라고 씌어 있었다. 그래서 왕이

---

12 금소지왕金炤智王 십 년은 닌켄천황仁賢天皇 원년에 해당한다. 황기1148(서기488년).

'열 것인가, 말 것인가.'

하며 몹시 망설일 때에 일관日官이

"부디 여시옵소서. 두 사람이라 함은 백성을 가리키고, 한 사람이라고
함은 임금을 가리키는 것입니다. 부디 열어 주십시오."

라고 간청하였기에 왕은 결심하고 열도록 명하였다. 그 속에는 또다시

'궁중의 금갑琴匣을 쏘아라.'

라고 쓰여 있었다. 왕이 바로 돌아가서 금갑을 쏘니 그 속에는 왕비와 내전
의 분수승焚修僧이 숨어 있었다.

'오늘 밤 왕을 죽이자'는 밀담을 주고받고 있던 중이었기에 왕은 즉시
이 둘을 죽여 버렸다. 그래서 그 연못을 서출지書出池라 불렀다.

왕은 까마귀 덕분에 목숨을 구했기에 그 후로는 매년 이날에 약반을
지어 까마귀에게 공양토록 했다고 한다.

비선화수飛仙花樹

대소大小 백산白山 사이에 부석사浮石寺라고 하는 절이 있다.

신라新羅 때 의상義相 스님이 서역 천축국天竺國에 들어가고자 하여 지팡
이를 별실 앞의 처마 밑에 꽂아 두고는

"내가 떠난 후 이 지팡이는 반드시 싹을 틔울 것이다. 이 나무가 시들지
않는 동안에는 나도 죽지 않을 것이다."

라고 하였다. 의상이 떠난 후에 절의 스님은 그 소상塑像을 만들어 안치하였
다. 지팡이는 창문 밖에 있었는데 아주 무성하였다. 그것이 무성하기는

무성하였는데 길게 자라지는 않기 때문에 처마 밑에 있어서 지붕을 뚫을 정도는 못 되었다. 높이는 한길 남짓한 것이 천년이 지나도 하루 같았다.

광해군光海君 때 정조鄭造가 경상감사가 되어 절에 와서는

"선인仙人의 지팡이를 나도 짚어보고 싶다."

라고 하여 잘라 쓰러트리고 말았다. 그런데 그 잘린 부분에서 두 개의 싹이 나왔다. 이것도 사시장철 푸르고 잎이 지는 일이 없었다. 세상 사람들은 이것을 비선화수라고 이름 붙였다.

구림촌鳩林村

신라新羅 때에 월출산月出山 서쪽에서 한 여인이 겨울날에 강기슭에 서 있었을 때에 강 아래에서 파란 참외 하나가 강 상류 쪽으로 흘러오는 것을 보고 신기하게 여겨 집어 들고는 먹어 버렸다. 그러자 얼마 안 되어 임신을 하게 되었다. 결국 남자아이를 낳았으나 세상 보기가 부끄러워 덤불 속에 갖다 버렸다. 이삼일 지난 후 다시 가 보니 수많은 비둘기들이 모여서 그 주위를 둘러싸고 있었다. 여인은 이를 기이히 여겨 다시 데려다가 길렀다. 이 아이가 후에 유명한 도선道詵 스님이 된 것이다. 그 마을을 구림촌이라 불렀다.

귀교鬼橋

신라新羅 진지왕眞智王[13]이 사량부沙梁部에 사는 도화낭桃花娘이라는 여인이 아름답다는 이야기를 듣고 그를 궁중으로 데려오도록 하였다. 그러자

"제게는 남편이 있습니다. 제가 그를 버리고 임금님 계신 곳에 갈 수 없습니다."

라고 하였다. 임금은 "기특한 여인이다."라고 생각하였기에, 장난삼아 다시 한 번

"그러면 남편이 없다면 상관이 없느냐."

라고 물으니

"그때는 임금님 명령에 따라야겠지요."라고 답하였다.

이리하여 그해에 임금님이 돌아가셨는데, 그 후로 2년이 지난 후에 여인의 남편도 죽어 버렸다. 여인이 크게 슬퍼하고 있었는데 어느 날 밤, 임금님이 이 세상에 살아 계셨을 때와 같은 모습으로 찾아오셔서는

"너와는 일전에 약속한 일이 있는데 너의 남편이 이제 죽었으니 약속대로 하겠느냐."

라고 하며 칠 일 정도 이 집에 머물러 계셨다가 갑자기 눈 깜짝할 사이에 사라져 버렸다. 도화낭은 그 후로 임신이 되어 남자아이를 낳았는데 비형鼻荊이라 이름 붙였다. 진평왕眞平王[14]이 이 아이를 궁중에서 기르기로 하였는데 이 아이는 이상한 능력을 지녀서 열다섯 살이 되었을 때에는 매일 밤 월성에서 황천荒川 언덕까지 날아가 귀鬼들을 불러 모아 놀다가 절에서 치

---

13 황기1236~1239(서기676~679년).
14 황기1239~1275(서기579~615년).

는 아침 종소리를 듣고 돌아오곤 하였다. 왕은 몰래 용사에게 명하여 이를 알아보게 하였는데 실제로 그러하였다. 그리하여 임금님이 형을 향하여

"네가 귀鬼들을 불러 모아서 논다고 하는데, 그것이 틀림없는 사실이냐."

형은 조금도 숨기지 않고

"그렇습니다."

임금님은 이것을 듣고 약간 놀랐으나, 그런 기색은 조금도 보이지 않고

"신원사神元寺[15] 북쪽 개천에 다리를 놓고 싶은데, 네가 귀鬼들을 부려서 다리를 놓는 것이 어떠하냐."

라고 물었다. 형은 귀鬼들을 불러 모아 돌을 깎아서 하루 밤 사이에 커다란 다리를 만들었다. 그러한 연유로 이것을 귀교라 이름 지었다.

그 후 임금님은

"귀鬼 중에 인간이 되어 천하의 정사를 도울 자는 없겠느냐."

라고 물으니

"많이 있습니다만, 길달吉達이라는 자가 좋을 듯합니다."

다음 날 형은 길달을 데리고 임금님 앞으로 나왔기에 임금님은 그에게 지위를 하사하고 벼슬을 주었는데 충성스럽고 정직하기가 비할 데 없었다. 그때 각간角干 임종林宗이 자식이 없었으므로 임금에게 간청하여 그를 자식으로 삼았다. 임종은 그에게 문루를 만들어 흥륜사興輪寺[16]에 세우게 하였다. 이것이 길달문吉達門이다. 그러던 어느 날 길달은 여우로 둔갑하여 도망쳐 버렸는데 형이 귀鬼를 부려서 이를 죽이게 하였다. 그 후로 귀鬼의 무리들은 비형의 이름을 듣고 무서워 떨지 않는 자가 없었다. 지금 경주 부근에

---

15 경주 남쪽의 월남리月南里에 소재.
16 경주부의 남쪽 오정五町에 소재.

서는 귀鬼을 피하는 부적으로 다음과 같은 문구를 써서 문에 바른다고 한다.

"성제聖帝의 넋이 아들을 낳았으니, 바로 여기가 비형랑의 집이다. 날고 뛰는 모든 귀중들아. 이곳에서는 절대 머물지 말지어다(聖帝魂生子, 鼻荊郎室亭, 飛馳緒鬼衆, 此処莫留停)."

해와 달의 정령日月の精

옛날 신라新羅 아달라왕阿達羅王[17] 때, 동해 바닷가에 영오랑迎烏郎과 세오녀細烏女라는 부부가 있었다.

어느 날 하나의 큰 바위가 두 사람을 태우고 바다를 건너 일본으로 돌아갔다. 그 뒤로부터는 신라의 해와 달이 빛을 잃어 암흑천지가 되어 버렸다.

임금을 비롯한 백성들이 모두 크게 두려워하고 있을 때에 음양사가 말하기를

"일월日月의 정령이 우리나라에 내려와 있었는데 지금은 일본으로 가 버렸기 때문에 이렇게 된 것입니다."

임금님은

"반드시 그 두 사람을 찾아 데리고 오라."

라는 엄명을 내리셨다.

사신은 멀고 먼 일본으로 건너가

---

17 황기814~843(서기154년~183년).

"부디 신라로 돌아와 주십시오."

라고 부탁하자 영일迎日이 말하기를

"우리들은 돌아갈 수 없소만, 대신 왕비가 짠 세견細絹이 여기에 있으니 이것으로 하늘에 제를 올리면 괜찮아질 것이오."

라고 하며 세견을 하사하였다.

사신이 돌아와 임금에게 아뢰자 임금은 영일이 말한 대로 하였다. 그러자 그 뒤로는 해와 달이 예전처럼 비추게 되었다.

그 하늘에 제사 지내던 곳을 영일현迎日縣이라고 부른다.

아이를 묻다子を埋む

신라新羅 흥덕왕興德王 때에 손순孫順이라는 자가 있었다. 이 사람은 모량리牟梁里에 사는 자로 아버지를 일찍 여의고 아내와 함께 남의 집에서 일을 하면서 어머니를 봉양하고 있었다. 집이 매우 가난하여 마음대로 어미에게 음식을 지어 드리지 못하는 것을 언제나 걱정하고 있었다. 손순에게는 한 아이가 있었다. 순이 어미에게 음식을 드리자 어미는

"나 혼자만 먹을 수는 없구나."

라며 언제나 그 손주에게 나누어 주었다. 순은 이것을 걱정하여 아내와 이야기하였다.

"자식 때문에 어머님이 배불리 잡수시지 못하는 것이 너무나도 안타깝소. 자식은 또 얻을 수 있지만 어머니는 다시 모실 수가 없소. 그러니 아이를 버리고자 하는데 당신의 생각은 어떠하오."

77

아내도 남편과 완전히 같은 생각이었다. 그래서 두 사람은 어미 몰래 자식을 업고 취산醉山 북쪽으로 가서 땅을 파기 시작하였는데 괭이 끝에 무언가 부딪치는 것이 있는지 "짤랑" 하고 소리가 났다.

두 사람이 그것을 살펴보니 '돌종'이 나왔다. 돌종을 쳐 보니 그 소리가 매우 아름다웠다. 아내가 말하기를

"이 아이를 버리려다가 이 귀한 보물을 얻은 것은 하늘이 우리 아이에게 복을 주시려는 징표일테니 이 아이를 묻지 말기로 해요."

순도

'그럴지도 모르겠군'

이라 생각하고는 할 수 없이 아이를 묻으려 했던 것인지라 즉시 아내의 말에 찬성하여 아이와 그 돌종을 가지고 집에 돌아와, 그 종을 대들보에 걸어 놓고 매일 치곤 하였다. 그 소리가 마침내 임금님이 계신 궁궐까지 들렸다. 임금님은

"요즘 서쪽에서 종소리가 들려오는데 그 울림이 정말로 아름답구나. 누가 치는 것인지 알아보고 오너라."

하고 좌우 대신에게 명하였다. 대신들이 그 일을 알아본 후에 바로 돌아와서 임금님에게 아뢰기를

"옛날 곽거郭巨가 자식을 묻으려고 했을 때 하늘로부터 황금 솥이 내려졌습니다. 지금 손순이 돌종을 얻은 것 또한 하늘이 내려 주신 것임에 틀림없습니다."

그 이야기에 임금님은 감복하여 손순에게 집 한 채와 매년 쌀 오십 석을 하사하기로 하였다.

선죽교善竹橋

고려高麗 공양왕恭讓王[18] 때에 정몽주鄭夢周는 재상이었다. 이성계李成桂가 군사를 일으켜 고려를 쳐서 도읍지 개성을 함락시켰을 때 정몽주는 절대로 조선의 신하가 되려고 하지 않았다. 결국 이성계는 장군 조영규趙英珪에게 명하여 선죽교 위에서 철퇴로 때려 죽이게 하였다. 그 피가 흘러서 다리를 물들였는데 그 흔적이 지금도 다리 위에 남아 있다.

이성계는 정몽주를 죽이기는 했으나 그의 충절에 감복하였기에 비를 세워서 조선의 승명勝名을 새겨 넣었다. 그러자 어느 날 귀청을 찢을 듯한 천둥이 치고 우뢰가 그 비석 위에 떨어져 산산이 부서져 버렸다. 이성계가 다시 예전과 같이 비석을 세우려고 할 때에 정몽주의 자손이 말하기를
"부디 고려의 직명職名을 새겨 주십시오."
라며 간청했다. 그것을 받아들여 세운 것이 지금도 선죽교 호반에 훌륭하게 남아 있다.

용녀의 아이龍女の子

당나라 선종宣宗 황제[19]가 어느 날 개성에서 오관산五冠山 아래에 있는 보육寶育이라는 자의 집에 들렀다. 보육은
'분명 귀인임에 틀림없다'고 생각하여 대단히 정중히 대접하고는 작은

---

18 황기2049~2051(서기1389년~1391년).
19 제1편 전포錢浦 참조.

딸 진의辰儀를 그의 곁에 두었다.

그 후 이 집을 떠날 때에 진의에게 하나의 붉은 화살을 징표로 건네주고는

"만일 아들을 낳거든 이것을 가지고 중국으로 찾으러 오거라."

라고 하였다. 그 후 태어난 것이 바로 제건帝建이다. 제건은 장년이 되어 아버지가 남기고 간 붉은 화살을 가지고 연습을 하니 점점 그 솜씨가 놀라울 정도로 훌륭해졌다. 그래서 상선을 타고 당나라로 건너가고자 하였는데 바다 가운데서 배가 더 이상 움직이지 않았다. 그러자 배에 타고 있던 사람들이 크게 두려워 하였고, 이 때

"이것은 필시 해신의 노여움을 건드린 것이다. 누가 벌을 받을 것인지 삿갓을 던져 점을 쳐 보도록 하자."

라고 말하는 자가 있었다. 그것은 이러한 상황에 자주 하는 방법이었기에 누구도 다른 의견을 말하는 자가 없었다. 그런데 제건의 삿갓만이 물속으로 가라앉았다.

"자, 그 사람이 누군지 알았으니 안됐지만 섬에 내려 주어야만 하겠소."

모두가 그렇게 말하였으므로 어쩔 도리가 없었다.

"돌아가는 길에 다시 이 섬에 들러서 데리고 가겠소."

라고 말하고 식량을 건네고는 섬에다 내려 주었다.

제건은 혼자 섬 안에 남아 있었는데 한 동자가 물속에서 나와 말하기를

"용왕이 만나 뵙고 싶어 하시니 이쪽으로 오십시오."라고 하였다.

제건은 어차피 이런 곳에 홀로 남아 있기보다는 용궁에 가 보는 것도 좋을 것이라 생각하여

"가는 것은 좋으나 어떻게 갈 수 있겠는가?"

라고 물으니

　"잠시 동안만 눈을 감고 계십시오."

라고 하였다.

　　제건이 눈을 감고 있으니 금세 용궁에 도착하였다. 그곳에는 한 노인이 있었다.

　"저는 오랫동안 이곳에 있었는데 최근 백룡이 와서 이곳을 점령하려고 하오. 제가 매일 전쟁을 하고 있는데 더 이상 그를 물리칠 수가 없소. 귀공은 활솜씨가 뛰어나므로 그를 쏘아 맞추는 것은 어렵지 않은 일일 것이오. 부디 저를 도와주시오."

라며 간청하는 것이었다. 제건은 대답하였다.

　"그것은 무엇보다도 간단한 일이나 내가 무엇을 목표로 하여 쏘면 좋을지 모르겠소."

　　노인이 그때에

　"내일 정오쯤 비바람이 심하여 파도가 높이 일 때가 곧 전쟁의 시기요. 전쟁이 한창 절정에 이르렀을 때에 각각 등을 보이게 되는데 파란 것이 저이고 하얀 것이 그쪽이오."

라고 설명하였다. 제건은 승낙하고 다음 날 해안가로 나가 살펴보니 노인이 말한 대로였다. 그래서 백룡을 쏘았더니 잠시 있자 하늘도 맑게 걷히고 파도도 잠잠해졌다. 그러자 금세 다시 종전의 동자가 마중하러 왔다. 제건은 다시 용궁으로 가게 되었다. 노인은 매우 기뻐하여 여러 가지 향응을 베푼 후에 자신의 딸을 제건에게 아내로 주고는

　"귀공은 귀인의 피를 이어받은 사람이오. 고향에 돌아가거든 큰 복이 기다리고 있을 것이오."

라는 말을 하였다. 제건은 얼마 동안 머물러 있다가 이제 돌아가려 하여 노인에게 이야기를 하니 선물로 일곱 가지 보물을 받았다. 그러자 딸이 제건에게 말하기를

"저의 아버지는 버드나무 가지와 돼지를 가지고 있습니다. 이쪽이 지금 받은 보물보다 좋은 것들입니다. 이왕 받을 거라면 이쪽을 받는 것이 좋지 않겠습니까?"

그리하여 제건이 노인에게 그 두 가지를 받고 싶다는 말을 했다. 노인은

"이것은 내가 가진 신통력의 근원이 되는 것으로 매우 귀한 것이나 모처럼 당신의 소원이고 하니 돼지를 주도록 하겠소."라고 하였다.

제건은 그것을 받아 노인의 딸과 함께 섬으로 돌아오자 마침 그 상선이 도착하였다. 그리고 나서 창릉昌陵에 도착하였을 때에 염백鹽白의 태수 등이 제건이 왔다는 것을 듣고는 영안성永安城을 쌓아서 거기에 거하도록 하였다. 제건은 일 년 정도 여기에 머물러 있었는데 돼지는 아무리 해도 우리에 들어가려 하지 않았다.

"네가 가고 싶은 곳이 있거든 그리로 가거라."

라고 말하며 돼지를 놓아 주니 송악松岳 남쪽 기슭에 와서 누워 버렸다. 그래서 그곳에 새로운 궁전을 지어 이십 년 정도 지내는 동안에 한 남자아이를 낳아 융隆이라 이름 지었다.

그 후 용녀는 궁전 침실 창밖에 우물을 파고는 그곳을 통해 서해 용궁에 왕래하고 있었다. 그리고 제건에게 약속하기를

"제가 용궁으로 돌아갈 때에 엿보아서는 안 됩니다. 만일 엿보신다면 돌아오지 않을 겁니다."

라고 하는 것이었다. 어느 날 제건이 몰래 이를 엿보았는데 용녀와 다른

한 소녀가 함께 황룡으로 변하여 오색 구름을 타고 우물 속으로 들어가는 것이었다. 이것을 본 제건은 조금도 입 밖에 내지 않았지만 용녀는 돌아와서

"부부의 도에는 신의가 있어야 합니다. 그토록 약속 드렸는데 어째서 엿보신 것입니까? 그런 사람과는 더 이상 함께 살 수가 없습니다."

그 노여움이 대단하여서 다시 소녀와 함께 용으로 변하여 우물 속으로 들어가 버리고 말았다.

용은 따로 성명姓名을 지어 왕건王建이라 하였다. 왕건이 즉위하여 아버지가 계시던 곳을 본전으로 하고, 용녀를 기리어 온성왕후溫成王后(일설에는 원창왕후)로 하고 건을 의조懿祖로 하였다. 왕건은 즉 고려의 태조이다.

자손이 죽다子孫が死ぬ

경기도京畿道에 연흥도燕興島라는 섬이 있다. 고려 말에 익령군翼靈君 기기琦라고 하는 자가 고려 조정이 망할 것을 알고 성을 바꾸고는 가족을 데리고 이 섬으로 피난하였다.

그래서 이 사람의 가족들은 고려가 멸망할 때에 물에 들어가 죽는 것을 면하였다.

이 사람들이 머물렀던 방이 세 칸 있었는데 지금까지도 봉쇄하여 아무에게도 보여 주지 않았다. 그 안에는 책과 다완 접시 등이 있다고 하는데 어떤 것인지 본 사람이 없다. 옛날 한 관리가 이곳을 열어보고자 하였는데 그 자손이 놀라 말하기를

"부디 열지 말아 주십시오. 만일 그것을 열면 우리 자손들은 반드시 모두

죽게 될 것이기에 오늘 날까지 삼백 년 동안 주의하여 열어 본적이 없습니다."

관리도 어쩔 수가 없어 그만두었다고 한다. 어쨌든 그 자손이라고 하는 자들이 목마장牧馬場의 목자牧子가 되었다는 이야기다.

고려사高麗寺

옛날 고려의 문종文宗[20]이 자식이 없음을 한탄하여 부처에게 빌었더니 그 효험으로 얼마 안 있어 한 남자아이가 태어났다. 임금은 대단히 기뻐하여 애지중지 길렀는데 어찌된 일인지 그 아이는 하루 종일 계속 울기만 하였다. 그런데 신기하게도 가끔 목어木魚 소리가 어디에선가 들려오면 지금껏 울고 있던 아이가 울음을 뚝 그쳤다. 목어 소리가 어떤 때는 멀리서 들리기도 하고 어떤 때는 가까이서 들리기도 하였는데 마치 하늘에서부터 들려오는 것처럼 생각되었다. 임금님은 부하들에게 명하여 그 소리를 알아보도록 하였다.

부하들이 각기 나뉘어 소리를 찾아가 보니 그 소리는 점점 멀어져 갔다. 바다를 건너 남쪽까지 가서 주의 깊게 들어보니 무림武林 경호鏡湖 밭두렁에서 들리는 듯하다. 그곳에 도달하자 한 스님이 있어 경을 읊으면서 목어를 치고 있었다. 부하들은 그 앞에 다가가 경례하고는

"부디 조선으로 건너가서 세자가 우는 것을 그치게 해 주십시오."

---

20 황기1707~1742(서기1047년~1082년).

84

라고 부탁했다. 그러자 그 스님은

　"세자는 어떠한 상황인가?"

라고 물었기에 자초지종을 이야기 하였다. 더욱이 세자 팔꿈치에 불무령佛

無靈의 세 글자가 있는 사실도 덧붙이며

　"세자는 왕께서 부처에게 기원하여 태어나셨는데도 불무령이라는 글자

가 새겨져 있다는 것은 이상한 일입니다."

라고 말하자 스님은

　"그것 참 기이한 일이군. 그렇다면 가 봐야겠소."

　그리하여 스님은 임금의 부하들과 함께 바다를 건너 와 임금님을 알현하

였다. 임금님은 크게 기뻐하며 세자를 불러 스님을 만나게 하니 스님은

합장한 후 세자에게 절하였다. 이때 세자도 웃으면서 스님을 바라보았다.

이 놀라운 광경을 본 임금님은 이상히 여기며

　"무슨 연유로 지금까지는 웃기는커녕 울기만 하였던 세자가 어찌하여

이런 모습을 보이는 것인가?"

라고 말하자 스님이 대답하기를

　"태자는 바로 저의 스승님이십니다. 제 스승님이 비구가 되셨는데 처음

에는 가마꾼으로 가마를 지고 돈을 받으면 입고 먹는 것 외에는 한 푼도

쓰지 않고 모두 우물 바닥에 던져 넣었습니다. 그것이 오랜 세월 쌓이고

쌓여서 큰돈이 되었지요. 그래서 절을 호반에 세웠기에 저는 그 제자가

되었습니다. 절이 다 지어졌을 때 제 스승님은 갑자기 절름발이가 되었습

니다. '이것 참 곤란하게 되었다.'고 하던 중 다음 해에는 장님이 되어버렸

기에 더욱더 처지가 힘들게 되어 '뭔가 치료할 방법이 없을까' 하며 부처님

께도 기도해 봤지만 조금도 효과가 없었습니다. 그러자 그 다음 해 여름날

큰 천둥번개가 쳤는데 스님이 그것에 맞아 돌아가신 것입니다. 저는 너무나도 기가 막힌 마음을 누를 길 없어서 불무령의 석 자를 스님 팔꿈치에 써서 장사 지냈습니다. 그것이 이처럼 귀하신 세자가 되셔서 이 세상에 환생하시리라고는 생각지도 못한 일입니다."

임금님을 비롯하여 이야기를 들은 모든 사람들은 감탄하며 아무 말도 하지 못하였다. 왕은

"자네가 하는 말이 진실이라면 불佛은 영험이 없는 것이 아니네. 세자가 우는 것도 목어를 좋아하는 것도 팔꿈치의 글자까지도 모두 부처의 능력이네. 그러니 이제부터 부처에게 보답하기 위해서 절을 건립하여 후세의 선과善果를 얻도록 하라."

라고 하여 고려사가 세워졌다고 한다.

겨드랑이 밑의 비늘腋下の鱗

태조왕太祖王의 자식들 중에는 양쪽 겨드랑이에 용 비늘이 있는 공주들이 있었다. 그들은 대대로 궁궐에 남아 후궁으로 있거나 그 비늘이 없는 공주는 반드시 신하에게 시집보내야 한다는 유언이 남겨져 있었다. 왕조들 중에는 여동생을 왕비로 삼는 일이 있었는데 송사宋史에서 이를 비방한 것은 위와 같은 사실을 알지 못하였기 때문이다. 그러므로 이것이 일반적인 풍속이 아니었음은 말할 것도 없다.

조선 태조가 고려의 우왕禑王을 폐하고 공양왕恭讓王 요瑤를 세우고는 공양왕에게 우왕을 강릉에서 죽이도록 명하였다. 그때 우왕은

"왕씨王氏에게는 용의 혈통이 있다. 그 증거로 겨드랑이 밑에 비늘이 있다. 너희는 이것을 보라."

라며 겨드랑이를 보였다. 사람들이 가까이 다가가서 그것을 보자 실로 말한 대로였다.

계모ままは母

지금으로부터 오백 년 전에는 철산군鐵山郡을 동산현銅山縣이라 불렀다. 그리고 군수를 방어사防禦使라 불렀다. 이 동산현에는 배좌수裵座首라고 하는 관리가 있었는데 그에게는 아들이 없고 딸이 둘 있었다. 언니는 연화蓮花라 하여 스무 살이었고 동생은 홍련紅蓮이라 하여 열여덟 살로 둘 다 모두 재색을 겸비하였다. 부모 모두 딸을 애지중지 기르며 사위를 고르고 있었는데 호사다마라고 하던가, 두 딸의 어머니가 갑작스레 병에 걸려 죽어 버렸다. 남은 가족의 슬픔은 이루 말할 수 없었다.

세월은 빠르게 흘러 한 해 두 해가 지나는 동안에 아버지는 후처를 들이기로 하였다. 지금까지 단란했던 가정이었지만 그때부터 두 자매는 흔히 말하는 '계모의 괴롭힘'을 받아 남몰래 눈물로 소매를 적시는 일이 많았다. 계모는 어떻게 해서라도 두 딸을 없애려 하였다. 그리고 한가지 계책을 세웠는데 큰 쥐를 잡아다가 껍질을 벗겨서는 언니가 자는 이불 속에 넣어 두고 우연히 발견한 듯이 요란스럽게 큰소리를 내며,

"남편도 없는 딸이 아이를 낳다니 어찌된 일인가, 양반의 딸로서 어찌 두고 볼 수 있겠습니까?"

라고 하였다.

배좌수도 어이없어 아무 말을 못하고 있자,

"양반집에 이러한 일이 생긴 것은 기괴한 변고요. 관리의 딸이 이러한 일을 저지른다면 어찌 백성을 다스릴 수가 있겠습니까? 이 일을 나라님이 알기 전에 어떻게든 하지 않으면 안 될 것입니다."

라며 다그치고 추궁하였기에 언니는 아무런 변명도 못하고 그저 울기만 할 뿐이었다. 배좌수도 멍하니 서 있을 뿐이었다.

그날 밤 연화는 집을 나가서 근처의 연못에 몸을 던졌다. 홍련은 언니가 집을 나간 것을 알아차리고 뒤쫓아 연못가에 섰다. 그때 언니의 슬픈 모습이 물 위로 솟아오른 것을 보고 자신도 언니 뒤를 따라서 물속으로 뛰어들었다. 그 후에 두 사람의 혼은 방어사의 꿈속에 나타나 모든 일을 상세히 고하였다. 방어사가 기이하게 여겨 조사하여 보니 모든 사정이 명백하게 드러났다. 그리하여 배좌수를 꾸짖고 그 후처는 중벌에 처해졌다고 한다.

문問이라는 글자問の字

이성계李成桂가 의주義州에 용한 점쟁이가 있다는 이야기를 듣고 운명을 점치러 스스로 그곳을 찾아갔다.

점쟁이는

"당신의 관상은 매우 크게 될 인물이오. 아무것이나 한 글자 써 보시오."

라고 말하였다. 이성계는 "問"이라는 글자를 써 보였다. 점쟁이는 잠시 생각하더니

"오른쪽에도 군주가 보이고, 왼쪽에도 군주가 보입니다. 이것은 반드시 군주가 될 상입니다."

라고 설명하였다. 이성계는 크게 기뻐하며 돌아가던 도중에 자신과 아주 닮은 얼굴을 한 거지를 만났기에,

"이것 보거라. 너에게 작은 부탁이 있다. 들어주겠는가?"

라고 물었다. 거지는

"예, 예 무슨 분부라도 있으십니까? 뭐든지 들어드리겠습니다." 라고 했다.

이성계는 그 말을 듣고

"의주에 아주 용한 점쟁이가 있다. 너는 그곳에 가서 너의 운명을 점치고 오너라. 그 점쟁이가 글자를 써 보라고 할 것이니 그때는 '問'이라는 자를 쓰도록 하여라."

라고 하고는 다시

"여기에 얼마의 돈이 있으니 너에게 주겠다. 그리고 너는 점을 보거든 바로 돌아 오거라. 내가 이 마을에서 기다리고 있겠다."라고 했다.

거지는 기뻐서 즉시 찾아가 일러 준대로 하였더니

점쟁이는

"문 밑에 입을 그렸으니 이것은 반드시 거지가 될 상이다."

라고 점쳐 주었다. 거지가 돌아와서 이성계에게 고하니 이성계는 크게 고개를 끄덕였다. 이성계는 바로 조선의 태조이다.

김응서 金應瑞

　김응서 장군은 용강군龍岡郡[21] 양곡면陽谷面 동우리桐隅里에서 태어나 서른 살 되던 때 임진왜란이 일어나 대군을 이끌고 평양에서 고전苦戰하였으나 큰 공을 세웠기에 조정은 장군이 죽은 뒤에 용강현령에게 명하여 현청의 남쪽 십 정十町쯤 떨어진 곳에 충렬사忠烈祠를 세우게 하였다. 봄과 가을에 엄숙하게 제사를 지내도록 하였으며 그 자손은 지금의 동우리에 칠십여 가구 남아 있다.

　장군이 두 살 때, 그 어머니가 밭에서 풀을 뽑고 있었는데 밭 한 쪽에 장군을 눕혀 놓고 그 위를 삿갓으로 가려서 그늘지게 해 주었다. 그런데 갑자기 개미떼가 모여들어 그 주위를 둘러싸고 몇 줄이나 둥글게 진을 치고는 아이를 보호했다. 또 어느 날은 밭고랑에 둥근 돌을 베개 삼아 눕혀 놓았는데 그때 승려 가토 기요마사加藤清正와 고니시 유키나가小西行長가 조선의 모습을 보러 왔다가 마침 용강에 들러 이 모습을 보게 되었다.

　기요마사는

　"이 아이는 인품이 좋은 아이다."

라고 말하며 발로 그 돌베개를 발로 쳐내 버렸다. 그러자 기묘하게도 아이의 머리가 땅에 닿지 않았다. 기요마사는 놀라면서

　"이 아이는 보통 아이가 아니구나. 이 아이가 자라면 어떤 인물이 될지 모르니 지금 죽여 버리는 것이 좋겠다."

라고 말하였다. 하지만 유키나가는 이를 반대했다.

---

21 평안남도.

"이 아이가 무슨 일을 하게 될지 걱정하는 것은 쓸데없는 일이다."

기요마사도 굳이 죽이려고 한 말은 아니었지만, 마음속으로는 어떻게 해서라도 살려 두어서는 안 되겠다고 생각하였기에 용강의 산신령에게 빌었다. 산신은

"그렇다면 그의 어머니가 어느 정도 자식을 사랑하는지 보고 그 여하에 따라 죽이도록 하겠다."

라고 하였다. 그 후 그의 어머니는 평상시와 같이 돌베개를 해 주고는 논두렁에 눕혀 놓았는데 산신이 큰 뱀으로 변하여 아이의 허리를 감쌌다. 그러자 어머니는 웃으면서

"응서가 허리에 황금 띠를 두르고 있구나."

라며 아무렇지 않게 말하였다. 산신은 그대로 돌아갔다가 이번에는 큰 호랑이로 변하여 아이 곁에 나타났다. 그러자 어머니는

"응서가 혼자서 외로우니까 호랑이 아저씨와 놀면 좋겠구나."

산신은 다시 한 번 시험하고자 하여 어머니가 없는 사이를 틈타 높은 선반 위에 놓아둔 볶은 콩을 먹이고 다시 냄비 속에서 죽을 한 웅큼 덜어내어 아이에게 먹였다. 그때 어머니가 돌아와서는

"응서가 배가 고팠던 모양이구나. 불쌍하게 놓아 둔 어미가 잘못했다."

라고 말하며 화를 내지 않았다. 산신은 크게 감복하여 기요마사의 청을 거절하였다.

"이렇게 사랑하는 자식을 어찌 죽일 수가 있겠느냐."

기요마사는 실망하고 말았다.

세월이 빠르게 흘러 김응서는 평양 서당을 다니면서 공부하게 되었다. 남들보다 지략과 힘이 뛰어났는데, 어느 날 농부가 밭두렁에서 쉴 때 함께

이야기하다가 곁에 있던 호미[22]를 반대 방향으로 구부러뜨려 놓고는 모른 척 하고 평양으로 갔다. 돌아오는 길에 다시 그곳에 들리자 농부는 크게 화를 내었다. 김응서는 웃으면서 원래대로 다시 고쳐 주었다.

후에 그는 무예를 배우고 능통하게 되었으나 깊은 산속에 들어가 살았다.

그해에 가토 기요마사는 중국 정벌을 위해 팔 조兆 팔 억億의 군사를 이끌고 쳐들어왔다. 조선 팔도는 풀이 바람에 꺾이듯이 쓰러져 갔다. 왕[23]은 의주로 피신 가서 통군정統軍亭에 머물면서 계속해서 중국에 구원병을 청하였다. 그런데 중국에서는 아무런 답신이 오지 않았다. 왕이 매우 낙심해 있었을 때에 한 신하가

"임금님이 항아리에 들어가 우신다면 구원병이 반드시 올 것입니다."

라고 아뢰었다. 임금님은 스스로 지금의 통군정에 있는 항아리 속에서 울었다. 중국에서는 그 소리를 듣고

"이게 도대체 무슨 소리인가. 이는 도와주지 않으면 안 되겠구나."라며 황제[24]의 분부로 이여송李如松과 이여백李如柏이란 두 장군이 구름같이 대군을 이끌고 달려왔다.

이때 고니시 유키나가는 조선의 기생 계월향桂月香과 함께 평양의 대동관大同館[25]에 머물러 있었다. 김응서는 나라를 위기에서 구하기 위해 서둘러 의주로 내려가서

"제가 적을 토벌할 수 있습니다."

---

22 손삽手鍤으로 내지의 낫鎌 모양과 닮았다.
　　역주 편자는 'ホメ(호메)'라고 표기하였으나 호미를 말한다.
23 선조.
24 명明나라 신종神宗.
25 지금의 제1공립보통학교.

라고 아뢰었다. 임금님은 크게 기뻐하시며 이를 칭찬하고

"나라를 위해 충성을 다하거라."

라고 분부하셨다. 김응서는 즉시 평양으로 돌아가 월향과 내통하여 오빠인 월광月光이라 속이고서 유키나가를 만났다. 유키나가는 조금도 의심하지 않고 방으로 데리고 가서 술을 내어 대접하였다. 그때 월향은 몰래 술에 독을 넣어서 이것을 유키나가에게 마시게 하였다. 유키나가는 너무나도 술에 취한 나머지 잠들어 버렸다. 월향은 그 침실에 달려 있던 영진鈴陣의 방울 구멍에 솜을 집어넣어 소리가 나지 않도록 해 두었다. 영진이라 하는 것은 예부터 장군의 침실에 경계 방울을 달아 다른 이가 들어왔을 때에 자연히 울리게 하여 경계하도록 하는 것이었다. 김응서는 때를 살펴보다가 청룡도를 손에 들고 월향은 치맛자락에 재를 넣어서 유키나가의 침실로 들어갔다. 유키나가는 잠에 푹 빠져 있었지만 그의 칼이 적이 침범한 것을 알고 스스로 칼집에서 나와 김응서에게 돌진했다. 김응서는 침을 뱉어 칼을 쓰러트린 다음 유키나가의 목을 베었다. 그때 잘린 목이 원래대로 몸에 붙으려고 이리저리로 튕겨 다니는 것을, 계향이 치맛자락에 넣어 온 재를 꺼내 재빨리 목 잘린 부분에 뿌렸더니 목은 몸에 붙을 수가 없게 되었다. 그러나 그 몸이 손가락으로 육갑六甲을 세고는 자신의 칼을 빼서 김응서에게 던졌다. 김응서는 금세 매로 변하여 월향을 옆에 끼고 그 방의 대들보에 있었지만 이것을 미처 피하지 못하고 새끼발가락을 잘렸다.

김응서는 목적을 이루고 월향을 업고서 보통평야普通平野로 피하면서 도중에 생각했다.

'월향은 유키나가의 아이를 가졌음에 틀림없다. 그뿐만 아니라 세상 사람들이 응서가 여인의 힘을 빌려 적장을 죽였다고 수군댄다면 체면이 서지

않는다. 불쌍하기는 하지만 이참에 월향이도 죽는 것이 나을 것이다.'라고 하여 결국 월향의 배를 찔렀다. 배에서는 커다란 피 덩어리가 나와서 큰소리로

"앞으로 석 달이면 아버지의 원수를 갚을 수 있었는데."

라고 했다고 한다.

주술 겨루기術競べ

지금부터 약 이백 년 전 금강산金剛山[26]에는 서산대사西山大師가 있었고 묘향산妙香山에는 사명당四明堂이 있었다. 두 사람 모두 불도佛道는 물론이거니와 유술儒術에도 정통하여 조정에서 상당한 예우를 받은지라 만민의 존경은 그 누구와 비할 바가 아니었다. 임진왜란壬辰倭亂[27] 때의 작전 계획도 구화조약媾和條約도 모두 두 사람의 생각에서 나왔다고 한다.

이러한 두 인물이 서로 처음 만났을 때의 재미있는 이야기가 전해지고 있다.

사명당은 "신술神術로는 내가 조선 제일이다."라며 항상 으스대었다. 어느 날 금강산에 서산대사라고 하는 호걸이 있다는 소리를 듣고는 그를 제자로 삼고자 금강산으로 찾아갔다.

서산대사는 즉시 이 이야기를 듣고 제자를 불러

"오늘 묘향산에서 손님이 오신다. 내가 도중까지 마중 나가거라."

---

26 강원도.
27 도요토미 히데요시의 조선 정벌.

라고 하였다. 제자는 당황하며 물었다.

"한 번도 만난 적이 없는 사람을 어떻게 알아볼 수 있습니까?"

대사는

"그 사람은 강물을 거슬러 타고 올 것이니 금세 알 수 있을 것이다."

라고 일러 주었다. 제자는 도중에 사명당을 만났다.

"마중하러 나왔습니다."

사명당은 조금 놀랐지만 아무렇지 않은 체 하고는

"수고를 끼쳐서 미안하오."

하고 인사하고 따라갔다.

금강산에 도착한 사명당은 먼저 날아가는 참새 한 마리를 직접 손으로 잡아 서산대사에게 주며

"이 참새가 살았겠는가? 죽었겠는가?"

라고 물었다. 그때 대사는 사명당을 맞이하기 위해 문턱에 한 발을 내딛은 상태였다.

"제가 지금 나가려는 거겠소? 들어오려는 거겠소?"

라며 반문했다. 사명당은 웃으면서 초면의 인사를 나누었다. 그런 다음 자리에 앉자 서산대사는 그릇에 물을 담아 와 그 속에서 커다란 물고기를 몇 마리나 꺼내고서 사명당 앞에 늘어놓더니 이윽고

"우리들은 승려이므로 생물을 먹을 수가 없소. 그러나 먹은 후에 다시 원 상태대로 되돌려 놓는다면 아무런 문제가 되지 않을 것이오."

라고 한마디 하고는 그것을 먹기 시작했다. 사명당도

"그렇다면 소승도 먹겠소이다."

라고 말하고 먹었다. 잠시 뒤 대사는 그 물고기를 토해 내어 다시 물속에

놓아 주었다. 사명당도 지지 않으려고 토해 봤지만, 그것은 움직이지 않았다. 다음에 달걀 쌓기를 하게 되었다. 사명당은 지면에서부터 쌓아서 실로 잘 쌓을 수 있었다. 대사가 어떤지 보니, 공중에서 점점 아래로 쌓아 내려갔다.

정오가 되어서,

"정말 변변찮은 면이긴 하지만, 드십시오."

라고 해서 보니, 면이 아니라 침을 대접에 담은 것이다. 대사는 태연히 맛있게 먹었지만, 사명당은 젓가락을 들 수 없었다.

그래서 그 대단한 사명당도, 고집을 꺾고 서산대사의 제자가 되었다.

주천석과 만산장酒泉石と漫山帳

인조仁祖[28] 때, 일본에서 유구琉球를 공격해서 그 왕을 포로로 잡아갔다. 그 세자는 아버지를 구하려고 배에 국보를 싣고 떠났는데 표류하여 제주도濟州道에 표착했다. 제주도 목사가 이 배를 조사하니, 그 보물 속에 주천석과 만산장이라고 하는 것이 있었다. 주천석이라는 것은 네모난 돌로, 중앙이 움푹 패어 있어 거기에 물을 넣으면 금방 청주가 되고, 만산장은 거미줄을 물들여 짠 것으로, 크기가 크건 작건 자유자재로 덮을 수 있고 비에도 젖지 않는 것이었다. 목사는 신기하게 여겨 꼭 이것을 갖고 싶어서 교섭을 했지만 세자는

"이것은 일본국에 보낼 것입니다."

---

28 황기2283~2309(서기1623년~1649년).

라며 좀처럼 받아들이지 않았다. 목사는 단단히 화가 나 병사를 보내 세자를 잡으려 했다. 세자는 그 보물을 바다에 던져 버렸다. 목사는 배 안의 물건을 모두 취하고 세자를 때려 죽였다. 세자는 죽임을 당할 때에, 붓과 종이를 청해 한 편의 시를 썼다.

堯語難明桀服身	요 임금 말씀으로도 걸왕 같은 사람을 깨우치지 못하나니
臨刑何可訴蒼旻	죽음에 임하여 하늘에 호소할 겨를도 없네
三良入穴人難贖	어진 세 사람 무덤에 임했으나 어느 누가 속량해주며
二子乘舟賊不仁	두 아들 배를 탈 때 도적이 불인했도다
骨曝沙場纏有草	모래벌판 해골에 잡초가 얽히리니
魂歸故國弔無親	이내 혼 고국으로 돌아간들 슬퍼할 친지 있을까
朝天下[29]滔滔水	조천관 앞 바닷물은 도도하게 흐르고
長帶悲冤萬春	남은 원한 선명하여 만 년간 오열하리

목사는 "세자가 변경을 침략했기 때문에 죽였다"고 속였었는데, 나중에 사실이 탄로 나서 죗값을 받았다.

선인仙人

남주南趎라고 하는 사람은 곡성谷城[30]에 살고 있었다.

---

29 조천관朝天館은 제주도에 있다.

어느 날 하인에게 편지를 주고는 지리산智異山의 청학동青鶴洞[31]에 가도록 했다.

"네가 가면, 할아버지 둘이 마주보고 앉아 있을 테니, 이 편지를 건네주고 오너라."

그래서 하인이 가 보니, 암굴 사이에 매우 아름다운 집이 있는데 평범한 사람이 사는 곳이라는 생각이 들지 않았다.

편지를 건네니, 한 할아버지가 노승과 바둑을 두고 있다가,

"네가 오는 것을 기다리고 있었다."

라고 하며 바로 답장을 써서, 푸른 구슬의 바둑돌과 같이 주었다. 하인이 작별인사를 하고 길을 나서자 길가의 풀은 싹이 나고 날씨는 맑고 바람은 따뜻해서 바로 음력 2월경의 따뜻한 날씨였다.

'이것 참 이상하다. 집을 나선 것은 음력 9월이라 나뭇잎은 떨어지고 눈도 때때로 내렸었는데. 게다가 집을 나서고 한 끼도 안 먹었는데 배도 안 고프구나.'

라며 집으로 돌아갔다.

주趎가 죽고 나서, 그 푸른 구슬 바둑돌도 어딘가 잃어버리고 말았다. 세상 사람들은 할아버지는 최고운[32]이고, 노승은 검단선사黔丹禪師라고들 한다.

---

30 전라남도.
31 경상남도와 전라북도의 경계에 있다.
32 최고운은 치원의 호號이다.

미륵彌勒

옛날 정주군定州郡 신안면新案面33에 조한준趙漢俊이라고 하는 사람이 있었다. 이 사람은 가난하긴 했지만 성격은 지극히 온화하고 착했으며 또한 공공심도 투철했다.

이 신안면과 정주 읍내 사이에 달천강達川江이 있어서 교통이 대단히 불편했다. 그래서 조한준은 다리를 건설하려고 각 면마다 돌며 돈을 모아, 드디어 다리를 놓게 되었다. 그래서 석공에게 명해 돌을 모았는데, 큰 돌 하나는 아무리 해도 사람 힘으로는 운반할 수 있을 것 같지 않았다. 조는 어떻게 하나 걱정하던 차에, 어느 날 밤 한 신선이 꿈에 나타나,

"너는 돌을 옮기는 것을 크게 걱정하지만 그것은 안심해도 좋다."

라고 말하더니, 신선들을 많이 모아 소를 여러 마리 이용해서 돌을 날라 주었다. 조한준은 대단히 기뻐하며,

"우선은 이걸로 되었다."

라고 하자, 그것은 완전히 꿈이었다. 조한준은, '아 이건 꿈이었단 거지. 뭐야 정말 허무하군.'이라고 생각했다. 그러나 이상한 꿈이라 생각해 다음 날 다리에 가 보니, 그 골치를 썩였던 큰 돌은 강변으로 날라져 있고, 근처 집들의 소는 땀을 흘리며 자고 있었다.

그리고 조한준은 모은 돈에서 두 푼 꺼내서 짚신을 한 켤레 사서 신은 죄로 큰일을 겪었다. 그것은 조한준이 대공덕大功德에 의해서, 중국 임금의 황태자로 태어나야 할 것이, 황녀로 태어난 것이다. 그 황녀가 태어났을

---

33 평안북도.

때, 등에 '조선조한준후생朝鮮趙漢俊後生'이라고 쓰여 있었기에 임금님은 크게 놀라서 조선의 왕에게,

"조한준이라고 하는 사람이 있었는가? 만일 있었다면 그는 어떤 사람이었는가?"

라고 물어왔다. 조선 왕은,

"그런 사람은 조선에는 없습니다."

라고 답했다. 중국의 임금은 "그럼 이것은 수상한 녀석이다"라고 하며 베어 버리고 말았다.

그러자 그 영혼은 조선에 와서 조의 친족 되는 자의 꿈에 나타나, 지금까지의 일과 또 앞으로 미륵이 되어 뒷산에 나타날 것이라고 고했다. 그 사람이 뒷산에 가 보니, 이상하게도 돌 하나가 나와 나날이 커진다. 마을 사람들이 집을 지어 이 돌을 덮자, 몇 달 사이에 집이 작아진다. 몇 번이나 집을 다시 고쳐 지었다. 이 미륵에게 빌면 복이 오고 병은 낫고 재앙은 물러나고 소원은 성취한다 해서 마을 사람들의 신앙은 대단한 것이었다.

다만 이상한 것은, 조씨 일족의 딸은 태어나면서부터 배가 부풀어서 마치 임산부 같았다. 어떤 연유에서 인지, 미륵의 배도 그처럼 부풀어 있었다.

"이건 아무래도 보기 흉하다. 미륵의 배가 작아지면 사람들의 배도 작아지겠지."

조씨 사람들은 의논을 하여, 석공을 데려와서 미륵의 배를 깎게 했다. 그러자, 배에서 피가 나더니 좀처럼 멎지 않았다. 사람들이 "어찌 하면 좋아"라며 당황하자, 어떤 지혜로운 이가 그 배에 석회石灰를 발랐더니 피가 멎었다.

그러나, 처음 그 얘길 꺼낸 사람은 제일 먼저 죽고, 조씨 일족에서 잇달아

많은 사망자가 나왔다.

이 돌은 높이가 한 자인데 형태는 사람 같고, 석회는 지금도 남아 있다.

전강동全剛銅[34]

곽산郭山[35]의 남쪽, 망일봉望日峰이라고 하는 마을에, 전강동全剛銅이라는 사람이 있었다. 어릴 때는 집이 가난해서 공부를 할 수도 없어, 다른 사람 집에 더부살이를 했었다. 16세 때 홀연히 집을 나가, 어느 절의 취사부가 되어서 공부를 하려 했다. 이 절의 중은 모두 장사로 백 근의 철봉을 휘두를 정도로 힘센 이들 뿐이었다. '이 절의 중은 왜 이리 모두 장사들뿐인가'라는 게 제일 처음으로 강동이 의심한 바였다. 어떤 까닭인지 모르겠다. 다만 의심스러운 것은 이 절의 중들은 매일 밤 삼경쯤이 되면 어디론가 사라져 조금 있다가 돌아왔다. 그래서 강동이 어느 날 밤 몰래 뒤를 밟아 보았더니, 어떤 물 흐르는 계곡에 가서, 큰 바위를 한 손으로 들어 올리고 물을 마시고 는 그대로 돌아오는 것이었다.

'아하, 여기에는 뭔가 비밀이 있음에 틀림없다. 혹은, 그들의 힘은 이 물을 마시기 때문이 아닌가.'

강동은 이렇게 생각했기 때문에 그 다음날 밤부터는 매일 밤 그 계곡에 갔는데, 바위가 커서 들어 올릴 수 없다. 그래서 대나무 대롱을 꽂아 넣어

---

34 **역주** 원본 목차에는 「금강동金剛銅」으로 되어 있으나, 본문 표기에 따라 「전강동全剛銅」으로 목차에 표기하였다.
35 평안북도.

그 물을 빨아 마실 궁리를 했다. 그것을 14, 15일 밤이나 계속하자, 그 바위를 자유로이 움직일 수 있을 정도가 되었고 강동은 크게 기뻐하며 '이걸로 집에 돌아가도 좋겠지'라고 생각했다. 왜냐하면 이대로 여기에 있으면 들킬 것이 틀림없었기 때문이다. 그것도 두세 명이면 지지 않겠지만, 중들이 많아 강동은 이길 수 없다.

"어쨌든 지금은 집에 돌아갈 때다."

강동은 다음 날 아침 취사부를 그만두고 집으로 돌아갔다.

곽산은 매년 음력 5월 5일에 큰 씨름대회가 열려서 대단히 떠들썩했다. 강동은 엄청난 괴력을 얻었기 때문에 이 씨름대회에 나가서 승부를 겨뤘다. 그러자 아니나 다를까 그에게 대적할 자는 없었다. 그 후 선천, 정주 등의 큰 씨름대회에도 나갔고 월계관은 언제나 강동의 머리에 씌워졌다. 강동의 이름을 모르는 자가 없기 때문에 슬슬 자만심이 꿈틀거려서,

'내 상대는 없을 것'이라고 생각하게 되었다.

전강동에게는 누나가 한 명 있었다. 이 누나는 어릴 때에 집을 나가 산에 들어가, 강동이 절에서 돌아온 해에 집으로 돌아왔다. 그리고 힘도 강동 이상으로 세져 있었지만, 조금도 그 모습을 보여 주지 않았다. 더욱이 시집도 안 가고 어머니를 돕고 있었다. 이즈음 남동생이 너무나 교만에 빠져 있었기 때문에 때때로 이를 충고해 주었지만 조금도 효과가 없었다.

'언젠가 한번 혼내 주어야지.'

라고 생각하고 있었는데 단오절이 되었다. 강동은 많은 상대를 누르고 의기양양해 있었다. 이때 누나는 남자로 변장하고 나갔는데, 강동은 조금도 눈치채지 못했다. 마음속으로

'이 소년이 얼마나 힘이 있단 거야.'

하고 업신여기고 대적했는데 어찌된 일인지 상당히 힘이 셌다. 강동도 점점 온몸의 힘을 쏟아붓자, 상대도 이에 질세라 온 힘을 짜냈다. 강동에게도 어딘가 헛점이 생겼는지 결국 내팽개쳐지고 말았다. 계속 이겼던 자가 졌으니 구경꾼들은 놀랐고, 두 번 더 겨뤄 보았지만 한 번도 이길 수 없다. 구경꾼들은 열광적으로 칭찬하고,

"강동을 쓰러뜨린 것은 누구냐."

"어디 사람인가."

"몇 살이냐."

등을 외치며 박수갈채가 끊이지 않았다. 강동은 풀이 죽어 집에 돌아가 때때로 한숨을 쉬고 있었다. 누나는 군중의 환호 속을 빠져나와 집에 돌아가 남동생이 돌아오는 것을 기다리고 있었다. 강동은 결심한 듯이 취사장에 들어가 부엌칼을 갈기 시작했다. 누나는,

"너는 무엇을 하는 것이냐."

라고 묻자, 강동은 아무 대답도 없이 자살하려 했다. 누나는 웃음을 참으며 목소리를 높여

"남매 사이에 아무것도 숨길 일은 없을 터, 왜 죽는다는 것이냐."

라고 캐물었다. 강동은 자초지종을 말하고,

"도저히 그 소년을 쓰러뜨릴 가망은 없으니까 죽을 수밖에 없습니다."라고 했다.

누나는 크게 웃으며,

"그것은 필부지용匹夫之勇인가 하는 것이 아니더냐. 일단 졌으면 다음에 이길 궁리를 하는 게 좋다. 너는 언제나 자만해서 적을 얕보니까 실수를 하는 것이다. 지금 내가 너와 힘을 겨뤄 보겠다."

"누나 따위는 내 적수가 못됩니다."

"거 참, 또 너의 교만이 시작되었구나."

두 사람이 힘을 겨뤄 보자, 좀 전의 소년과 아주 똑같다. 강동은

"그러면 아까의 소년은 누님이었습니까."

라고 물었다. 누나가 일의 전말을 이야기하자 강동은 크게 자존심이 상했다.

어느 날

"강동 집에 있는가."

라며 7, 8명의 나쁜 중들이 왔다. 이들은 전에 취사부를 했었던 절의 중들인데, 소위 땡중으로 늘 힘자랑을 하고 부자의 재산을 빼앗고 관의 명령을 거역하기도 했다. 이에 모두가 징글징글하게 싫어하는 자들이었다. 강동이 힘이 세다는 것을 듣고, 힘겨루기를 해서 죽이려는 것이었다. 누나는

"무슨 일이십니까?" 하고 물었다.

"힘겨루기를 하러 왔다."라고 하자

"오늘은 마침 10리 밖에 있는 친척집에 가서 없습니다만, 3일 후에는 돌아옵니다."라고 했다.

승려들은 부재중이란 말을 듣고 돌아갔다. 그 후 누나가 이 일을 강동에게 이야기하자, 승부를 겨루지 않은 것을 아쉬워했다. 누나는,

"너는 아무것도 아쉬워할 필요 없다. 장난삼아 그들과 힘을 겨뤄서 만일 진다면 그런 일 만큼 바보 같은 일은 없다. 계략을 세워서 죽이면 된다."

라고 가르치고, 큰 바위를 운반해 와서 문에 달아 놓았다. 3일 째에 그 중들이 찾아왔다. 누나는,

"어젯밤에 돌아 왔는데, 지금 옆집에 가 있습니다."

중들이 기다리는 동안에, 돌을 보고 물었다.

"이 매달려있는 돌은 뭔가."

누나는 대답했다.

"강동은 식후에는 반드시 춤을 추며 이 돌을 머리로 부숩니다. 지금은 많이 부서져서 작아졌습니다."

중들은

"강동이 돌아오는 것을 기다리는 동안에, 우리도 머리로 깨 보자."

돌은 머리로 부서지는 것이 아니다. 돌을 부수려고 한 중들은 도리어 자신들의 머리가 깨져 6명이나 죽어 버렸다. 다른 중들은 슬슬 도망치더니 돌아가 버렸다. 절의 중들은 이 사실을 듣고, 수백 명의 중을 모아서 다시 공격해 왔다. 누나와 남동생은 할 수 없이 지붕에 올라가 기와를 던지며 막아서, 백사오십 명이나 죽였기 때문에 중들은 또 도망쳤다.

이 일이 감찰사의 귀에 들어가, 상부에 아뢰니 선천宣川 현령縣令을 내리고 누나에게도 각종 상을 내렸다.

누나는 그 후,

"여자는 세상에 나와 남자의 처가 되어야 하는 법이다. 그런데 나는 생각하는 바가 있어 여기서 몸을 던지지만 너는 앞으로 입신해서, 이름을 후세에 떨치거라."

라고 유서를 남기고 자살했다. 강동은 비탄에 잠겼지만, 못할 것도 없다고 생각하여 한층 마음을 다잡고 배움을 닦고 무예를 갈고 닦았다. 종종 오랑캐를 막고 내란을 평정시키는 등 실로 다대한 공적을 남겼다.

망일봉에는 지금도 이 남매를 신으로 모시는 사당을 지어서 기리고 있다.

중년효자中年孝子

영원군寧遠郡 읍내면邑內面 입석리立石里(선돌)라고 하는 곳은 20, 30호 정도의 작은 마을이다. 여기에 70여 세의 노인과 그 아들 부부와 6, 7세쯤의 손자 일가가 있었다. 그 아들은 유명한 불효자로, 처의 말만 듣고 노인을 학대하고 언제나 농사일을 돕게 하고 있었다. 어느 겨울 추운 아침, 일찍 일어나서 처는 작두 있는 곳에 가서 옥수수 껍질을 잘게 썰기 시작했다. 이 지방에서는 가을의 옥수수 껍질을 비축해 두고 이것을 잘게 잘라서 솥에서 끓여 소먹이로 하는 것이다. 처는 추워서 조금 자르고 집에 들어가니, 그 불효자는 노인이 지금 잠자리에서 막 일어나 나온 것을 뭔가 큰 사건이라도 일어난 것처럼 불러 세우고 이 일을 명했다. 노인은 늘 있는 일이라서 별로 불평도 하지 않고 추위를 참고 껍질을 잘랐다. 거기에 취사장에서 손자가 뛰어와서 노인 옆에 서서 보고 있었는데, 금세 추위를 견디지 못하고 떨면서 울기 시작했다. 불효자는 당황해서 자기의 양팔에 끼고 있던 토시를 벗어서 아들의 양다리에 신겼다. 이때 노인은,

"너를 키웠을 때도, 지금 네가 니 아들을 보살폈듯이 덥지나 않을까 춥지나 않을까, 맛없는 것은 내가 먹고 맛있는 것은 네게 주고, 그렇게 너를 길렀다."

라고 말했다. 이것을 들은 불효자는, 이때 문득 지난 잘못을 뉘우치고 부모의 마음은 같은 것을 깨달았다. 이후에는 늙은 아버지 봉양에 마음을 다하고, 마침내는 효자문도 세워질 정도가 되었다. 이 불효자는 중년에 효자가 되었다는 의미에서 사람들은 중년효자라고 했다고 한다.

백장군白將軍

옛날 대구천大邱川[36]은 비슬산琵瑟山 기슭을 따라 대구의 서쪽을 흘러 금호강琴湖江[37]과 합쳐진 것이다. 그러나 매년 홍수가 나서 대구 사람들은 언제나 걱정이었다. 지금부터 200년쯤 전에 대구 군수에 이숙李淑이라고 하는 사람이 있어서 대구천을 파서 물을 남쪽으로 유도하고 제방을 쌓아 수해가 없어졌을 뿐 아니라 새로이 수천 평의 밭이 생겼다.

이 신천[38]에 대해서 다음과 같은 전설이 있다.

연대는 잘 모르겠지만, 백장군이라는 장사가 있었는데 엄청나게 힘이 셌다. 당시에 신천 안의 깊은 못에 용마가 살고 있다는 것을 듣고 이것을 잡으려고 족천足泉에 가서 용마가 나오기를 기다리고 있었다. 용마는 잠깐 나왔지만 장군이 있는 것을 보자마자 물속에 들어가 버렸다. 몇 번이나 갔지만 언제나 똑같아서 장군은 아무리 해도 용마를 잡을 수 없었기에 지푸라기 인형을 만들어 세워 놓았다. 그 후 용마가 나와 보더니 사람이 서 있으니까 금세 물속에 들어갔지만 그 사이에 익숙해져서 지푸라기 인형 옆에 와서 머리를 문지르고 코를 대고 장난을 치게 되었다. 장군은 지금이라고 생각하고 그 인형을 치우고 자기가 인형 대신 서 있었다.

용마는 그런 줄은 꿈에도 모르고 평소대로 나와서 아무 일 없던 듯이 옆에 다가왔다. 장군은 이때다 하고 그 갈기를 잡고 놓아 주지 않았다. 이렇게 해서 드디어 장군에게 붙잡혔다.

---

36 경상북도 대구의 남쪽에 있다.
37 낙동강지류.
38 신천新川 혹은 방천防川이라고도 한다.

장군은 후에 이 말을 타고 하늘로 올라갔다고 하는 이야기이다.

진지동眞池洞

지금부터 수십 년 전에 용강군龍岡郡 일련지면日蓮池面에 김민金敏이라고
하는 효자가 있었다. 어느 날 어머니가,

"개고기를 먹고 싶은데, 지금은 아무 데도 없겠지?"

라고 했다. 민은 이때 마침 강 건너에서 개를 죽였다고 하는 이야기를 들었
었기에,

"강 건너의 모씨가 개를 죽였다고 하니까 구해 오겠습니다."

서둘러 나왔지만 3일간 큰비가 내려서 강을 건너는 것은 용이하지 않았
다. 하지만 우여곡절 끝에 건너 가서 고기가 있냐고 물었고 마침 어제 죽였
다고 하는 고기가 있었다. 민은 매우 기뻐하며 즉시 돌아가려고 했다. 이때
강물이 불어나 건너는 것이 위험했지만 그래도 한시라도 빨리 어머니에게
드리고 싶었다. 그래서 사람들이 말리는 것도 듣지 않고 귀로에 올랐다.
사람들은 이 효자를 혼자 보내게 하는 것은 위험하다고 생각해서 4, 5명이
뒤를 쫓아갔다. 민은 서둘러 강가에 와보니 배로는 도저히 건널 수 없었다.
어찌된 일인가 하고 잠시 서서 보고 있다가 결심한 듯이 옷과 고기를 머리
에 묶고 강으로 뛰어들었다. 물론 헤엄쳐서 건널 작정이다. 그러자 이상한
일이 벌어졌다. 민이 한쪽 다리를 물에 넣으니 물은 둘로 갈라져 강바닥의
흙이 드러났다. 점점 나아가자 강바닥에 길이 생겼다. 함께 따라 온 사람은
이것을 보고 이만저만 놀란 것이 아니었다. 온 마을에 알리고 다녔다. 효자

민의 이름까지 동시에 널리 알려졌다.

또 어느 날 어머니는 잉어를 먹고 싶다고 했다. 민은 이 말에 난처했다. 집이 가난해서 생활이 곤란하긴 하지만 파는 곳만 있다면 돈은 융통을 해서 못 살 것도 없지만 때는 겨울이라 연못도 강도 모두 얼어 있었다. 이래서는 어쩔 도리가 없어 신불의 힘을 빌리는 수밖에 없다고 생각해 진심을 담아 하늘에 빌었다.

'나의 어머니는 지금 병중으로 잉어를 먹고 싶다고 합니다만, 제 힘으로는 구할 수가 없습니다. 부디 제 마음을 가엾이 여기셔서 잉어 한 마리를 내려 주소서.'

기도가 끝나자, 지금까지 맑던 하늘에서 돌연 큰비가 내리기 시작하였다. 연못의 얼음이 녹았다고 생각하는 찰나에 잉어가 한 마리 떠올랐다. 민은 크게 기뻐하며 신에게 감사하고 집으로 달려가 어머니께 드렸다. 그때 민은 그 연못을 가리켜

"참된 연못(眞池)"

이라고 했는데, 그때부터 연못의 이름이 되었다. 이 일이 관에 알려져 효자 문을 세우고 이것을 기렸다. 그 문은 지금도 남아 있다.

욕심 많은 총각欲深の総角

지금부터 수십 년 전에 평양平壤의 관찰사 밑에 형리刑吏라 해서 지금의 참여관參與官 같은 관리가 있었다. 그 형리에게 머슴이 하나 있어 나이는 17, 18세라도 아직 총각[39]이었다. 이 총각이 매일 주인의 도시락을 가지고

지금의 담배회사 뒷길을 지나갔는데 갈 때에도 올 때에도 계월향桂月香[40]의 사당 옆에 무슨 대감이라든가 하는 신을 모신 곳에서 열심히

'부디 저에게 큰 돈을 내려주세요.'

라고 빌었다. 어느 날 밤 꿈에 백발의 노인이 나타나

"네 마음이 간절하니, 소원대로 부자로 만들어주마. 내일 경산계곡鏡山谷[41] 앞의 언덕을 파 보거라, 거기에서 통이 하나 나올 것이다. 그 통 속에는 많은 황금 덩어리가 있는데 3개만 네게 줄 테니 가지고 돌아가거라."

라고 하는 것이었다. 총각은 크게 기뻐하며 이것은 신의 계시라고 생각하고 그 다음날 돌아갈 때에 경산계곡에 가서 노인이 가르쳐 준 대로 파 보니, 큰 통이 나왔다. 날듯이 기뻐서 뚜껑을 여니, 꿈의 계시대로 황금 덩어리가 몇백 개나 있어서 눈이 아찔해질 정도로 빛나고 있었다.

총각은 이것을 보면서 욕심이 일어나,

"내가 파낸 것이니 이것을 모두 내 걸로 해도 지장 없겠지."

라고 하나 취하고, 두 개 취하고, 세 개 취하고, 네 개째에 손을 대려고 하자 돌연 사방에서 큰바람이 불어오고 천둥이 귀를 먹게 할 정도로 치고 큰비가 갑자기 내리기 시작했다. 그것 때문에 언덕은 무너지고 금방 판 곳도 모두 묻혀 버려서 총각은 겨우 목숨만 부지해 도망쳐 돌아왔다.

또 평양의 남쪽, 지금의 명촌明村 부근의 외성外城에서도 그것과 비슷한 황금이 있어서 언제나 낮에는 양쪽이 서로 빛나고 있었다고 한다. 그 후 아무도 파냈다는 이야기도 못 들었으니 지금도 아직 남아 있을 것이

---

39 처가 없는 자를 말한다.
40 월향에 대해서는 앞의 김응서에서 자세히 기술했다. 또한 월향의 사당은 지금의 제2보통학교의 서쪽으로 옮겼다.
41 평양신사平壤神社의 동쪽에 있는 계곡.

틀림없다.

장롱의 불筆笥の火

전라남도全羅南道 해남海南에는 현재 경찰서, 우체국, 군청이 있고 학교도 생겼지만 그 이름은 그다지 알려져 있지 않다. 그러나 옛날에는 이곳이 중국과 일본을 오가는 중계지여서 모든 배는 이곳에 들러 정박했었다.

이 해남에 있는 양반으로 정 모鄭某라고 하는 남자가 있었다. 이 사람은 신식 교육도 받아서 군서기郡書記로 일했는데 이 사람의 집은 마을의 중간 지점에 있고 중국식 기와지붕으로 돌담을 둘러 상당히 훌륭한 집이었다.

대정6년(1917) 봄, 으스름달을 기회로 군청의 관리를 비롯한 주재소 순사 등을 초대하여 가족 5, 6명과 함께 먹고 마시고 밤 12시에 헤어졌다. 그리고 정 서기는 자신의 방에 들어가 꿈뻑꿈뻑 졸았는데, 지금까지 어두웠던 방이 갑자기 환해졌다. 깜짝 놀라 눈을 뜨자 또 원래처럼 새까매졌다. 이렇게 하기를 3번 정도 했더니 이번에는 갑자기 방구석에 놓아둔 장롱의 덮개가 저절로 열려서 이상하다고 생각하는 중에 새빨간 불과 파란 불이 서로 엉겨서 홱 타기 시작했다. 정 서기의 놀라움은 이만저만이 아니였다. 마당으로 뛰어 내려가 집안 사람들을 불러냈다. 그 파랗고 빨간 불이 장롱을 나와 뱀처럼 변해 기어다니고 집주위를 돌기까지 했기 때문에 정 서기는 그만 그 자리에서 졸도했다. 그 사이에 날도 밝아서 군청과 경찰서에도 신고했지만 누구 하나 이 사실을 믿는 자는 없었다. 그러나 정 서기가 거짓말을 하고 사람들을 시끄럽게 하지는 않을 것이라 해서 그날 밤은 순사가 당번을 서게 되었다.

가족은 무서워 다른 곳으로 피신하고, 일본 순사 몇 명이 반 건성으로 밤을 새우고 이제나저제나 나타나기를 기다리고 있었다. 이상한 불은 또 전날 밤과 같이 타기 시작하고, 불이 뱀처럼 집을 도는 것도 정 서기의 이야기대로였다. 순사는 총을 쏘고 소방대는 잡으러 다녔는데 한 시간 정도 지나 불이 꺼져 버렸다.

이 괴기한 불(怪火)은 조선 여기저기에서 때때로 일어나는 일로, 이 일 때문에 한마을이 다 탄 일도 있고, 또 한 채에 이 불이 나면 금세 다른 데로 옮겨간다는 신기한 불이었다. 조선에서는 이것을 도깨비라고 부르고 있다.

정 서기는 이 무서운 집에는 살 수 없어서 다른 곳으로 이사했다고 한다. 어쨌든 이상한 불이다.

애꾸눈과 비뚤어진 코目ッかちと鼻欠け

옛날 조선이 중국의 속국이었을 때 중국에서 조선의 문학文學을 조사하기 위해 학사學士 한 명을 보내왔다. 그 일이 알려지자 조선왕은 크게 걱정해서,

"이 시험에는 누구를 내보내면 좋은가."

하자, 김춘택金春澤이라는 사람이

"제가 중국의 사신을 맞이해서 무사히 처리할 테니까 임금님은 부디 안심하십시오."

라고 말씀드렸다. 왕은 기뻐하며

"그러면 좋다. 그렇게 조처하겠노라."

라고 명했다.

춘택은 바로 준비를 해 의주義州로 가 뱃사공의 옷을 입고, 압록강鴨綠江의 선착장에서 기다리고 있었다. 중국의 사신이 도착했다 해서 선착장은 야단법석이고 춘택은 애꾸눈의 남자이지만, 사신의 배를 맡기로 되었다. 사신은 춘택이 애꾸눈인 것을 보고 장난으로 한 구를 읊었다.

새는 쪼아 먹네 사공[42]의 눈　　　鳥啄使工目

춘택은 사신의 얼굴을 보더니 코가 조금 휘어져 있어서 우선,

바람은 부네 도사의 코　　　風吹都士鼻

라고 화답했다. 사신은 이 뱃사공은 여간내기가 아니라고 생각하면서

삿대는 물살을 가르네 달의 바닥　　　棹穿波底月

이라고 또 한 소절을 읊기 시작했다. 춘택은 바로,

배는 물을 누르네 중천　　　船壓水中天

---

42 사공使工은 뱃사람을 말한다.

이라고 붙였다. 사신은 놀라서 뱃사공조차도 이렇게 이길 수 없으니, 한양
漢陽에 가서 어떤 수치를 당할 지 모르겠다고 생각해서 그대로 배를 돌렸는
데, 원래 코가 비뚤어진데다가 더욱 얼굴을 구겨서 총총히 도망쳤다. 이
김춘택은 구운몽九雲夢을 쓴 사람으로 조선에서는 유명한 학자이다.

욕심쟁이 할아버지欲深爺

황해도黃海道 장연군長淵郡 용정리龍井里는 원래 부자 마을이긴 하지만,
그중에 한 재산가가 자비도 정도 없어서 사람들로부터 외면당하고 있었다.
어느 날, 사람을 써서 외양간을 청소시키고 있는데, 한 스님이 와서
　"쌀이든 돈이든 무엇이든 좋으니 공양을 해 주십시오."
라 하였다. 주인은 아무 말도 않고 막대기 끝에 소똥을 묻혀서 내밀었다.
중은 별로 화내지도 않고 나갔다. 조금 떨어져서 이것을 보고 있던 아내가
쌀을 한 됫박 넣어 와서 중을 불러
　"지금 남편은 술에 취해서 저런 무례를 범한 것입니다. 부디 용서해 주세
요. 저는 여자라서 힘이 없으니 어떻게도 할 수 없습니다. 적지만 이것을
부처님께 올려 주십시오."
라고 하며 남편의 무례를 빌었다. 중은
　"나는 천승天僧인데 상제上帝의 명을 받아서 이 집 주인의 모습을 보러
온 것이다. 너는 실로 마음이 착한 사람이구나, 내일은 이 집을 전멸시킬
테니 너는 정오 전에 본가를 돌아보지 말고 1리 밖 떨어진 곳까지 나가
있거라."

라고 말하더니 중의 모습은 안 보이게 되었다. 아내는 놀라서 집에 돌아가, 다음 날은 아침 일찍 1리 밖의 불태산에 오르니 비바람이 거세게 불고 번개가 하늘을 태우고, 천둥이 산하를 뒤흔들 정도로 울렸다. 그 사이에 천지가 무너지는 듯한 소리가 나서 아내는 잠깐 자신의 집 쪽을 봤다. 그러자 그대로 돌이 되어 버렸다. 그 돌은 지금도 남아 있다. 그리고 그 집은 깊은 연못이 되었다.

명의의 요법名醫の療法

성천군成川郡에 이경하李景夏라고 하는 유명한 의사가 있었다. 온 조선에서 이 사람의 이름을 모르는 사람은 없었다. 이 사람은 진찰해도 약은 쉽게 쓰지 않았다. 오늘날의 말로하면 '정신적 치료법'으로 대개 전부 고쳤던 것이다.

어느 날 옆집 딸아이가 경련을 일으켜 진찰을 받으러 왔다.

경하는

"오늘은 바쁘니까 내일 아침 일찍 내의를 입지 말고 치마만 입고 오너라."라고 하였다. 그 딸아이는 들은 대로 다음날 아침에 가 보니 경하는 옆집 아이를 방으로 가게 하고, 자신은 긴 담뱃대를 가지고 들어가 이렇다 할 말도 하지 않고 그 아이의 치맛자락을 담뱃대로 들춰 올리려 했다. 딸은 놀라지 않을 수 없었다. 큰소리를 내며 양손으로 치맛자락을 내렸다. 경하가 말하기를,

"너의 병은 완전히 나았다."

배 위의 서당腹上の書堂

옛날 조선에서 매년 중국으로 공물을 바치던 시대가 있었다. 사자使者는 대개 배로 황해黃海를 가로질렀는데, 곳곳에 원院이라고 하는 것을 만들어 두고 사자가 머물러 쉬게 하는 곳으로 했다.

어느 날 헌공獻貢하는 사자가 갑자기 병이 나서 용강龍岡의 토석면土石面 증리甑里의 원에서 죽었기 때문에 그 사체를 마을 뒷산에 묻었다. 그런데 세월이 흘러 그 묘 위에 서당을 지었다. 그러고 나자 그 서당에 귀신이 나온다고 하는 소문이 돌았다. 그뿐만 아니라 서당에 부임한 선생이 죽게 되었다. 다른 선생이 오면 그 선생도 곧 죽었다. 이리 해서 몇 명이나 선생이 죽어나가자 나중에는 선생을 하려고 오는 사람이 없게 되었다. 그때 어느 노인이,

"이는 이상한 일이다, 뭔가 귀신이 노했음에 틀림없다."
라고 해서 서당의 기둥에 종이를 붙이고,

'우리는 지금 귀신에게 고한다. 무슨 불평이 있어서 서당 선생을 죽이는가, 그 이유가 있으면 이 종이에 써 놓거라'
라고 써 놓았다. 그러자 그 종이에 붉은 색으로 명료하게,

'나는 전에 이 원에서 죽은 사자이다. 너희들이 내 배 위에 서당을 지어서 늘 시끄럽고, 혹은 물을 흘리고 혹은 불을 지피는데 내 고통을 모르는가.'
라고 쓰여 있었다. 그래서 즉시 서당을 다른 곳으로 옮기고 거기에는 사당을 지어서 기렸다.

지금은 별로 기리는 사람도 없지만 몇 해 전까지는 마을 사람들이 병 치유를 빌 때 백지白紙를 내어 두면 그 치료법을 써 주었다.

천하 대장군天下大將軍

옛날 모某 임금 때에 장 모張某라는 대신이 있었다. 한때 권세는 나는 새도 떨어뜨릴 정도였지만, 나쁜 이의 중상으로 관직을 잃고 도읍에도 못 살고, 시골에 틀어박혀 있었다. 익숙하지 않은 거친 일로 쓸쓸히 지냈는데, 설상가상이라 할까? 처가 대수롭지 않은 병으로 죽어 버려서 홀로 딸을 키우며 천운이 돌아오기를 기다리고 있었다.

그 사이에 딸은 점점 여엿해졌는데, 마음씨가 착하고 현명한데다 하늘이 주신 타고난 아름다움은 한층 사람들의 눈을 끌었다. 그런데 어떤 전생의 숙연宿緣인가, 이 아버지는 현재 자기 딸의 용색에 마음을 품고 혼자 괴로워하고 있었다. 그런데도 이 일을 입 밖에 낼 수도 없는 일인지라 마침내는 병석에 눕게 되었다. 딸은 대단히 걱정하며 할 수 있는 일은 다 했지만 조금도 효과가 없었다. 결국 어찌할 도리가 없어졌을 때 결심하고 딸에게 그 이유를 이야기했다. 딸은 일단은 놀랐지만,

"아버님의 명은 거스를 수 없으니까 뜻에 따르지요. 그러나 사람으로서 이런 천한 짓은 못하니, 아버님은 아래 바닥의 흙을 파고 세 번 개가 짖는 소리를 내 주세요."

라고 했다. 아버지는 망설인 후 사리분별도 없이 딸이 말하는 대로 했다. 그런데 다음날 그 집 뒤의 큰 나뭇가지에 이 가련한 딸의 사체가 매달려 있었다.

그 후 이 아버지의 병이 낫고, 죄 혐의도 풀려 본래의 관직에 올랐지만, 웬일인지 그 관 꼭지에는 서리가 내려 있을 뿐 아니라 그 가장자리에는 개털이 엄청나게 붙어 있었기에 임금이 이 이유를 묻자 옆에 있던 귀곡선

생鬼谷先生이라고 하는 유학자가 사정을 상세하게 아뢰었다. 때문에 임금은 진노하여 인륜을 버린 대 죄인으로 극형에 처했을 뿐 아니라 이 세상에 본보기로 그 상像을 새겨 온나라에 세웠다. 지금 조선의 촌락에 가면 입구 등에 소나무 통나무의 상부에 안 어울리는 사람 얼굴을 새겨 아래에 '천하대장군, 지하여장군'이라고 쓴 것을 볼 수 있는데, 바로 그것이다. 지금은 도로의 수호신, 역신막이로서 믿어지고 있다.

칠불사七佛寺

안주성安州城의 북쪽 성벽 아래에 작은 절이 있는데, 이는 역사상으로 유명한 칠불사이다.

옛날 수隋나라에서 대병을 보내 조선을 공격해 온 일이 있다. 그때의 조선은 약했기 때문에 수나라 병사는 바로 압록강鴨綠江을 건너 진격해 평안남북도의 경계인 청천강淸川江 건너까지 공격해 왔다. 그렇지만 이 청천강이 깊은지 얕은지 알 수 없어 주저하고 있다, 어딘가에서 7명의 중이 와서 바지도 벗지 않고 태연히 강을 건너 안주安州에 닿았다. 이를 본 수나라 병사는 크게 기뻐하며 "이 강은 깊지는 않다. 쉽게 건널 것이다."라고 하자 대장은

"그 중이 건넌 곳으로 지나가라."

라고 명했다.

대군은 잇달아 뛰어들어서 한 번에 다 같이 강을 건너자 웬걸, 이 강은 상당히 깊은 것이었다. 게다가 물살도 급한 강이었다. 앞에 갔던 병사는

되돌아가려고 했지만 강변에 있는 대장이 진격하라, 진격하라고 지휘를 하였다. 뒤에 있는 병사는 앞이 빠지는 것도 상관하지 않고 밀며 전진했다. 결국 어떻게 할 수 없어서 모두 익사해 버렸다.

7명의 중은 안주에 도착했지만, 그 후 어디로 갔는지 모른다. 사람들은
"이것은 부처님임에 틀림없다."
라 해서 강기슭의 언덕 위에 절을 지었다. 이것이 칠불사이다.

전설의 조선

제3부

—

동식물 및 잡

너구리狸

옛날 평양平壤의 남문南門 길에 법교法橋라고 하는 다리가 있었다. 그 옆의 쇠고기 가게에 매일 아침 누군지 모르지만, 여자 한 명이 고기를 사러 왔다. 그런데 이상하게도 그때마다 고기가 조금씩 줄어들었다. 가게 사람은

"아무래도 이상하다."

라고 하였고, 범인은 그 여자인 것으로 생각됐다. 그렇지만 노골적으로 물을 수도 없어 잠자코 있었지만 어느 날 아침, 어린 점원이 그 뒤를 밟았는데 가게를 나와 바로 법교 옆에서 놓치고 말았다.

'정말 이상한 일도 다 있구나. 지금까지 있던 사람이 어디로 간 걸까?'

라고 생각하며 그 근처를 수소문했지만 결국 못 찾고 할 수 없이 돌아왔다.

그 다음날 아침도 여자는 또 왔다. 어린 점원이 다시 쫓아가자 또 어제처럼 법교 옆에서 사라져 버렸다.

'정말 이상하군.'

하며 급히 돌아와 이 이야기를 하자 주인은

"내일 아침에 오면 반드시 잡아버리자."

라고 만반의 준비를 하고 기다리고 있었다.

여자는 평소대로 왔다. 주인이 고기를 건네려고 하자 여자는 손을 내밀었기 때문에 그 손을 확 채어 기다리고 있던 고기 자르는 칼을 코 끝에 갖다 대었다. 여자는 깜짝 놀라 금세 큰 너구리가 되어서 도망치려 발버둥쳤지만 주인은 좀처럼 놔주지 않았다. 마침내 고기 자르는 칼로 찔러 버렸다.

우산당禹山堂

　평안북도平安北道 귀성군龜城郡 용연면龍淵面에 우산당이라고 하는 사람이 있었다. 상당히 효자로, 부모가 죽은 후 묘를 지키며 삼년상을 치렀다. 호랑이가 그 효행에 감동해 그 사이 언제나 와서 지켜 주었다.

　어느 날 밤 웬일인지 그 호랑이가 오지 않았다. 우산당은 걱정하며 밤새 안 자고 기다리고 있었다. 그 사이에 호랑이가 왔는데 아주 풀이 죽어 목을 늘어뜨리고 있어서

"무슨 일이 있는가?"

라고 묻자,

"저는 지금 영변군寧邊郡 무창산武昌山 위의 함정에 빠져 있습니다. 날이 밝으면 마을 사람이 모두 와서 저를 발견할 것임에 틀림 없습니다. 발견되면 저는 살아날 길은 없습니다. 지금부터 앞으로는 당신이 있는 곳에 올 수도 없기에 잠깐 작별 인사하러 온 것입니다. 잘 지내십시오."

하고 쓱 나가기에, 우산당이 다시 부르려하자 이것은 꿈이었다. 어느 샌가 잠이 든 것이다.

　우산당은 이것은 필시 꿈의 계시라고 생각했다. 어쨌든 무창산에 가 보자며 바로 나갔다. 산에 도착하니, 사람들은 총을 어깨에 메고, 창을 손에 들고 모두 모여 있었다. 우산당은 달려 가서 큰 소리로

"그 호랑이는 죽여서는 안되오. 그것은 제 호랑이입니다. 죽이지 말아 주시오."

라고 외쳤다. 사람들은 뒤돌아보고 이상하게 생각했다. 그 사이 우산당은 무서워하지도 않고 구멍에서 호랑이를 꺼냈는데, 호랑이는 고맙다는 말을

124

하는 듯한 모습을 하고 꼬리를 흔들고 눈물을 흘렸다.

이 일을 알고 우산당의 효행은 임금님의 귀에도 들어가 많은 상을 내려주었다.

일설에는

이 일은 우산당이 아니라 희천군熙川郡 진면眞面 향산곡香山谷 강모姜某씨의 일로 호랑이가 함정에 빠진 곳은 영원군寧遠郡의 대성동大成洞이라고한다. 어느 말이 진짜인지 모른다.

차씨의 선조車氏の先祖

함종咸從[1]의 차씨의 선조는 의사였다. 그 선조가 어딘가로 진찰하러 가서 돌아오는 도중 산을 넘자 큰 호랑이가 길에 누워 있었다. 그래서 호랑이를 꾸짖으며

"너는 산중의 호걸이면서 왜 여기에 와서 내가 가는 길을 막는 것인가."

라 하였다. 호랑이를 상관 않고 지나가려고 하자 호랑이는 또 앞으로 와서뭔가 부탁하는 듯하였다.

"너는 나를 죽여서 먹을 작정인가 아니면 뭔가 그밖에 다른 볼일이라도있는 건가."

라고 하자, 호랑이는 고개를 끄덕이고 그 앞에 엎드려 빨리 타라는 듯했다.결심을 하고 그 등에 올라타니 금세 달리기 시작해 큰 암굴 앞에 내려주었

---

1 평안남도.

다. 그때 안에서 암컷호랑이가 나와서 큰 입을 벌려 그에게 보여주었다. 목 안에 큰 머리 장식이 걸려 있었는데, 이것은 필시 여자를 먹었음에 틀림 없다. 손을 넣어서 이것을 빼주자 호랑이는 머리를 흔들고 꼬리를 움직이며 고맙다는 시늉을 하였다. 그 후 수컷 호랑이가 와 또 등을 내밀어서 이것을 타니 원래의 길로 데려다 주었다.

어느 날 또 찾아 와서 등을 내밀어 그 위에 올라타니 산속에 들어가 큰 바위 위에 내려 놓았다. 그 부근에서 냄새를 맡더니 앞다리로 땅을 파는 시늉을 했다. 이것은 묘 쓸 자리를 가르쳐 주는 것이라고 생각하여 재빨리 집에 돌아가 조부의 묘를 그 곳으로 옮겼다.

차씨는 그 뒤에 해를 거듭하며 부를 쌓고 번창하여 자손도 늘고 함종에서 굴지의 사람이 되었다. 그 묘소는 황해도黄海道의 구월산九月山에 지금도 남아 있다.

그 후부터 차씨의 일족은 지금까지 호랑이의 해를 입은 사람은 없다.

새끼 밴 호랑이娠み虎

조선 영종英宗[2] 때에 호랑이의 번식이 왕성해서 그해에는 길 다니기가 위험했다. 그 때문에 경성京城의 서대문西大門 밖의 의주가도義州街道의 고개 주변은 낮에도 혼자나 둘이서는 지날 수 없었다. 임금은 어떻게든 호랑이의 피해를 막으려고 그 묘책을 강구했다. 그때 강관찰姜觀察이라는 사람이

---

2 황기2385~2435(서기1725년~1775년)(역주 영종 임금은 없음. 영조英祖의 오타.).

"호랑이 퇴치에는 호랑이의 수령을 불러서 수령에게 퇴거를 명할 수밖에 없습니다."

라고 아뢰었다. 임금님이

"그런 것은 불가능하느니라."

라고 하자 강관찰은

"저는 반드시 퇴거를 명하겠습니다."

라고 대답했다.

한편 이 강이라고 하는 사람에게는 이상한 이야기가 있다. 강의 아버지가 어느 날 산속을 지나자 한 아름다운 여자가 와서 "처로 삼아 주세요"라고 했다. 강은 알지도 못하는 여자라서 한번은 거절해 봤지만 너무나 원하기에 마침내 부부가 되었다. 그 사이에 생긴 아이가 강감찰이다. 그 미인이라는 여자는 실은 호랑이의 화신이었기 때문에 곧 아이의 장래를 부탁하고 산속으로 가 버렸다.

임금은 의심하면서도 이것을 허락했는데 강은 금세 중 한 명을 데리고 와서

"임금님의 명이니 네 일족에게는 지극히 딱한 일이지만 이 조선을 떠나 주길 바란다."

라고 말했다. 그러자 중은

"그러면 어디까지 가면 좋겠습니까?"

라고 묻기에

"압록강 밖까지."

라고 명했다. 중은 흔쾌히 승낙했지만 잠시 작은 머리를 갸웃하더니 강감찰을 향해서

127

"여기 곤란한 점이 하나 있소. 지금 새끼를 밴 호랑이 한 마리가 산달이
니 도저히 그런 먼 곳까지 걸을 수 없소. 이것만은 남겨 두고 가고 싶은데
어떠신가."
라고 물었다. 임금님이 옆에서

"한 마리 정도는 남기고 가도 좋다."
라고 하자, 중은 홀연 큰 호랑이 한 마리로 변해서 부하를 데리고 중국
땅으로 사라져 갔다. 그리고 나서 얼마 동안은 호랑이 피해가 없었지만
한 마리 남겨 둔 새끼 밴 호랑이가 점점 번식해서 오늘날과 같이 되었다고
한다.

고양이猫

평양平壤의 고등보통학교는 만수대萬壽臺에 있어, 평양부平壤府도 대동강
大同江도 그 밖의 사방이 한눈에 내려다 보이는 경치가 좋은 곳에 있다.
그 학교의 동쪽에 큰 운동장이 있다. 운동장 남측에는 배나무 한 그루가
있다. 매년 꽃은 무성히 펴서 이른 봄에는 백설이 쌓인 것 같은데도 조금도
열매를 맺지 않았다.

지금부터 십수 년 전에 한 아이가 고양이 한 마리를 쫓아다니다가 결국
이 꽃이 핀 배나무로 몰아 때려 죽여서 배나무 가지에 걸어 놓았다. 이
해는 많은 열매가 열렸기에 이 아이는 제일 먼저 배가 익었는지를 보기
위해 나무에 올라가 큰 것을 하나 따서 바로 입에 가져갔다. 그러자 그
아이는 돌연 나무에서 떨어져 죽었다. 죽음과 동시에 나무에 열린 배 과실

은 우르르 떨어져 그 아이를 덮어 버렸다고 한다.

그리고 나서는 매년 꽃은 피지만 열매는 열리지 않게 되었다.

여우狐

지금부터 150~160년 전쯤, 영유永柔[3]에 김진개金晋峕라고 하는 사람이 있었다. 집이 가난해서 소금 장수를 하고 있었다. 어느 날 시골에서 장사하고 돌아오는데 도중에 날이 저물어 초승달이 가늘게 산 끝에 걸렸다. 그러자 돌연 한 여자가 와서

"당신은 어디까지 가십니까."

라고 하였다.

"나는 영유까지 갑니다."

라고 하자 여자는 마치 기쁜 듯이

"그것 참 잘 되었습니다. 폐가 되겠지만 부디 저를 함께 데려가 주시지 않겠습니까? 어떠신지요?"

진개는

"좋습니다. 저도 산길을 혼자서 걷기보다는 길벗이 있으면 좋겠습니다. 피곤하시다면 이 말을 타세요. 말에는 짐이 없으니까 염려 없습니다."

라고 하자 여자는 거절하며

"고맙습니다만, 저는 조금도 피곤하지 않습니다."

---

3 평안남도.

라고 하는 것을, 진개는 무리하게 말을 태워서 밧줄로 말안장에 매 버렸다. 여자는 뭐라뭐라 했지만 진개는 일절 상관하지 않고 성큼성큼 말을 끌고 집으로 향했다. 집에 돌아가자 곧 아이들을 불러

  "어서 이 여자를 죽여라."

라고 명했다. 아이들은 무슨 일인지 전혀 몰라 놀라서 멍하니 서 있었다. 진개는 답답했는지 집에 들어가 직접 막대기를 찾아 왔다.

  이때 아이들은 말 위의 여자의 밧줄을 풀고 내려 주고 있던 참이었다. 진개가 막대기를 들어 올렸을 때 여자는 여우로 변해 큰 꼬리를 흔들고 뒤를 돌아보면서 도망쳐 버렸다.

무녀巫女

  평원군平原郡[4] 노지면鷺池面의 어느 집에 아픈 환자가 있어서 무녀를 불렀다. 그러자 여우가 도중에 그 무녀를 죽여 무녀의 두개골을 쓰고 변장해 환자의 집으로 갔다.

  본래 여우니까 기도가 될 리가 없었다. 다만 춤만 추는 듯하고 때때로

  "영유면永柔面의 김진개金晉盖에게 알리지 마라."

라고 하였다. 집 사람들은 이상한 무녀라고 생각했지만 하는 대로 내버려 두었다.

  이때 마침 김진개가 볼 일이 있어서 이 집에 왔다가 이러한 광경을 보고

---

  4 평안남도.

은밀히 주인을 불러서

"저것은 무녀가 아닙니다. 실은 늙은 여우가 화한 것입니다. 어서 죽이지 않으면 어떤 짓을 할지 모릅니다."

라고 하였다. 그는 주인과 함께 온돌의 구들장을 들고 창을 막고 목화씨를 태워서 연기를 냈다. 사람들은 이불로 연기를 막았는데, 여우는 드디어 죽어 버렸다.

여우 신랑狐の婿

고려 현종顯宗[5] 때 강감찬姜邯贊이라고 하는 사람이 있었다. 이 사람이 일곱 살 때, 그의 아버지가 어떤 결혼식에 초대 받아 가게 되었다. 강감찬도 함께 가고 싶다고 하여 아버지는 이를 허락하고 데리고 갔다.

식은 꽤 훌륭하였고 친족 친지들부터 근처 이웃까지 모두 참석해서 사위가 들어오는 것을 기다리고 있다. 이때 강감찬은

"오늘 이 집에서는 큰 변고가 생길 것입니다."

라고 하였다. 사람들은

"오늘은 경사스러운 날이다. 큰 변고라니 어떤 일인가?"

라고 하자,

"지금 오는 사위는 사람이 아니고 여우가 사람으로 변해서 오는 것입니다. 그러니 들어오면 다함께 묶어 버립시다."

---

5 황기1670~1691(서기1010년~1031년).

강감찬은 조금도 의심하지 않고 이렇게 말했다. 사람들은 뭐가 뭔지 모르겠지만 어쨌든 이상한 말을 하는 아이라고 생각하고 있었다. 그 사이에 사위가 도착했다. 아무리 보아도 사람임에 틀림없었다. 사람들은 아무렇지도 않게 생각하고 술과 안주를 내고 축하의식을 하려고 하였다. 감찬은 "잠깐만"하며 말하기를,

"저것은 확실히 여우임에 틀림없으니까 모두 묶어야 합니다."

사람들은 믿지 않았다. 그래서 강감찬은 막대기를 들고 사위를 때리러 가니 사위는 갑자기 허둥지둥하기 시작했다. 강감찬이 그 옆에 오려하자 안절부절 못하고 갑자기 꼬리를 꺼내고 다리를 내밀어 여우의 정체를 드러내고 도망치기 시작했다. 결혼식은 그것으로 중지되었지만 사람들은 이구동성으로

"이 아이는 보통 아이가 아니구나."

하며 감탄했다. 그 후 성장하면 할수록 그 이름은 천하에 널리 퍼졌고 마침내는 고려의 원수元帥가 되었던 것이다.

황금 맷돼지金色の猪

용강군龍岡郡[6] 삼화부三和府 금당면金塘面 뒷산에 황금색의 맷돼지가 살고 있었다. 이 맷돼지가 어느 날 삼화의 부윤府尹을 잡아서 자신의 굴로 끌고 갔다. 그러나 잡아먹는 것도 아니다. 다만 매일 자신의 조수를 시키고 있을

---

6 평안남도.

뿐인데 부윤은 언제쯤 죽임을 당할까 하고 마음 졸이고 있었다. 어느 날 멧돼지는

"부윤은 무엇이 가장 무서운가."

라고 묻기에

"나는 떡이 가장 무섭다."

라고 답했다. 부윤이

"그럼 멧돼지군은?"

이라고 묻자

"나는 사슴 가죽이 제일 무섭다."

라고 했다. 다음 날 멧돼지는 부윤이 다른 곳에 도망치지 않도록 굴 밖에 많은 떡을 쌓아 두었다. 부윤은 그것을 먹고, 배가 고플 염려는 없어졌지만, 이대로 언제까지나 이 굴에 있을 수는 없었다. 어떻게든 도망치려했지만 도망갈 길이 없었다. '어디엔가 사슴 가죽은 없을까' 하고 생각했지만 굴 안에 있을 리도 없고, 굴 밖에 나갈 수도 없었다. 그러자 불현듯떠오른 생각이 있었는데, 바로 자신의 허리에 달고 있는 열쇠에 아주 조금 붙어 있는 사슴 가죽이었다.

'이제 살았다.'

하고 혼잣말을 하고 있을 때에 멧돼지가

"머리의 진드기를 좀 잡아주게."

라고 하였다. 부윤은 그걸 잡으면서 은밀히 사슴 가죽으로 멧돼지의 머리를 문질렀다. 멧돼지는 마침내 잠이 들어 버렸다. 부윤은 크게 기뻐하며 굴 안에 있던 여러 가지 보물을 가지고 집으로 돌아왔다.

이 멧돼지 굴은 지금도 겨울이 되면, 수증기 같은 것이 나온다.

원숭이 기병猿の騎兵

선묘宣廟 때[7] 일본 병사가 전주全州에서 공주公州로 파죽지세로 진격해왔다. 그때 중국의 원병인 형개邢玠는 총독總督으로 요동遼東에 있고, 양호楊鎬는 경리經理로 십만의 병사를 통솔하고 있어 평양平壤에 있었다.

어느 날 양호가 연광정練光亭에서 저녁을 먹고 있자 척후斥候가

"왜병은 점점 북쪽으로 향해 오고 있습니다."

라고 보고했다. 호는 크게 기뻐하며 젓가락을 던지고 일어나 대포를 한 발 쏘게 하고 자신은 말에 채찍을 가하며 남쪽을 향하여 달리기 시작했다.

기병이 우선 뒤를 쫓아가니 곧바로 보병도 이어졌다. 평양에서 한양[8]까지는 700리나 되는데 호의 일군은 하루에 두 밤으로 도착했다. 그래서 곧 해생解生, 파귀擺貴, 새귀賽貴, 양등산楊登山 4명을 대장으로 하여 기병 4천 명에게 원숭이 수백 마리와 함께 나아가게 했다. 이때 원숭이는 모두 말을 타고 채찍을 들고 말 엉덩이를 때리면서 일본군의 진중으로 돌격했다. 놀란 것은 일본군이었다. 일본에는 원숭이가 없었으니 처음으로 원숭이를 보았던 것이다. 뭔가 사람인 것 같지만 사람이 아닌 듯한 모습에, 모두 수상히 여겨 발을 멈추고 멍하니 보고 있는 사이에 원숭이는 나아가 말에서 내려서 종횡무진으로 돌아다녔다. 일본병은 이를 포로로 하려고 생각하였지만 원숭이는 신출귀몰, 쉽게 잡히지 않았다. 일본 진영이 조금 헝클어진 참에 해생들은 급히 기병을 나아가게 했다. 일본군은 화살 하나 총알 하나 쏘지도 못하고 대패하여 남쪽으로 쫓겨났다. 천리에 일본군의 시체가

---

7 임진왜란 때이다.
8 지금의 경성.

즐비하여 눈뜨고 볼 수 없을 정도였다.

불가설不可說

고려高麗 말에 불가설이라고 하는 짐승이 있었다. 모양은 고양이를 닮았
고 먹는 것은 뭐든지 안 먹는 것이 없었다. 열이 나는 철까지 먹으니까
철포로 쏠 수도 없고 사람의 집에 들어가서는 쇠 주전자, 냄비, 솥부터
괭이, 낫, 못 등에 이르기까지 모조리 먹어치웠다. 그것이 조선이 되면서
없어졌다. 너무나 기괴해서 전해지지도 않고 이름도 붙일 수 없다고 해서
그저 불가설不可說이라고 한 것이다.

일설에 고려 말 어느 미망인이 바느질을 하고 있자, 집 안으로 벌레 한
마리가 들어왔다. 그것에 침을 대니 침 끝을 먹었다. 미망인은 재미있어서
매일 침을 먹이니 점점 커지고 큰 금속 기구까지도 먹게 되었다. 그것이
마침내 시중에 나와서 이집 저집의 쇠붙이를 먹었다. 관청에서도 그대로
둘 수 없어, 칼로 찔러도 들어가지 않고, 태워 죽이려 불 속에 넣어두면
큰 철구슬을 태운듯이 불덩어리가 되어서 시중을 뛰어 돌아다녔다. 그것이
가는 곳은 모두 불이 나서 송도松都(개성開城 즉 고려의 도읍지)는 마침내
망했던 것이다. 이것을 불가살不可殺이라고 했다.

까마귀烏

어느 집에 어머니와 오빠, 여동생이 살고 있었다.

어느 날 오빠는 여동생의 혼례품을 사려고 나갔으나 그 사이 여동생은 급병으로 죽어 버렸다. 어머니가 홀로 시체를 지키며 대단히 슬퍼하고 있는 참에 오빠가 돌아왔다. 오빠도 물론 크게 상심했지만, 어찌할 수도 없어서 관례대로 상을 치르고 "사온 물건은 추억 속의 것이니 차라리 태워 버리는 편이 좋겠지요." 하며 뒷밭에서 태우려고 하였다. 그러자 그 이웃 여자가

"붉은 비단은 제가 갖고 싶어요. 그러면 그렇게 모두 태워 버리지 않아도 되지요."

라고 하자 오빠는 화를 내며

"이 무정한 사람이."

라고 하면서 타는 불 속에 여자를 발로 차서 넣어 버렸다.

훗날 그 여자의 혼은 까마귀가 된 것이다. 그런고로 까마귀가 집 주위에서 울면 그 집에 불행이 있다고 한다.

복뱀福蛇

양윤제梁允濟는 평안북도平安北道 희천군熙川郡 읍내면邑內面 가라지동加羅之洞 태생으로, 어림잡아 150년 전의 사람이다. 집은 문벌로 알려져 있었으나 빈궁하기가 안회顔回에게도 뒤지지 않았다.

어느 해 흉황凶荒에 조석으로 입에 풀칠하기도 어려웠는데, 먹지 않고는 살 수 없으므로 이웃 마을의 노좌수盧座首[9] 집을 찾아가,

"쌀이든 좁쌀이든 좋으니 시세의 이자[10]를 쳐 빌리고 싶은데 어떠신가요?"

라고 부탁했다. 좌수는,

"무얼 빌리고 빌려주고 할 것이 있나."

라고 하며 머슴을 시켜 마당에 쌓아둔 피를 한 짐 지워주었다. 양윤제는 매우 감사하며 돌아왔다.

무언가 등 위에서 툭툭 소리가 나기에 도중에 내려 보니 그 속에 뱀이 한 마리 있었다.

"이것 참 잘됐다. 복뱀이 틀림없어."

라는 생각에 소중히 원래대로 잘 싸서 집으로 돌아왔다. 그리고 뱀의 둥지를 만들고 매달 길일을 정하여 제사를 지냈다.

그 후 양윤제의 집은 점차 번창하여 군에서 제일가는 부호가 되었다. 그와는 반대로 노좌수의 집은 언제부터인가 운이 기울어 결국 그날그날 살기에도 어려울 정도가 되었다.

양윤제는 아들도 딸도 많아 행복한 나날을 보냈으나 천수를 다하여 죽었을 때, 그 뱀은 집의 주위를 돌면서 심히 기운이 없어 보였다. 이를 본 양윤제의 자식들은,

"주인이 죽었으니 너도 불안할 테지. 이제부터는 우리 형제자매 가운데 마음에 드는 곳으로 가거라."

---

9 좌수는 군수 아래의 관직이다.
10 봄, 여름 동안 빌린 것을 가을에 2할 또는 5할의 이자를 붙여 돌려준다.

라고 했다. 그러자 이윽고 운산군雲山郡으로 시집 간 셋째 딸의 집으로 옮겨 갔다. 그 집에서는 또 매우 기뻐하며 전과 마찬가지로 장소를 정하여 제사 도 지냈으므로 점점 번창하였다. 지금도 그 자손은 운산군의 거부가 되어 있다.

집념의 뱀執念の蛇

지금부터 20년 전의 옛날, 함경북도咸鏡北道 길주군吉州郡에 김선달金先達 이라는 사람이 있었다. 그 자에게 딸이 하나 있었는데, 용모도 뛰어나고 마음씨도 상냥하여 시골에서는 보기 드문 여자였다.

금이야 옥이야 기르는 사이에 어느덧 19살이 되어 사윗감을 찾기 시작했 는데, '보내는 것도 3년 들이는 것도 3년(出すにも三年、貰うにも三年)'이 라는 속담대로, 이것이 좋으면 저것이 모자라 적당한 사람이 없었다.

어느 여름밤, 하늘이 별안간 흐려져 비가 쏟아지고 천둥이 치기 시작했 고 번개가 끊임없이 치니 참으로 무서웠다. 여기저기 모든 집들은 모두 문을 꼭 닫고 있었다. 김선달의 딸도 이불을 덮어쓰고 누워 보았으나 좀처 럼 잠들 수가 없었다. 그때 번개는 점점 거세지고 비는 장대같이 쏟아지는 데, 창 쪽에서 딸그락딸그락하는 소리가 들려왔다. 딸이 무서워 조심조심 머리를 들어 보니, 뱀 한 마리가 쏜살같이 날아와 딸의 몸을 휘감고는 대가 리를 쳐들어 딸의 뺨을 핥았다. 몹시 놀란 딸은 큰 소리를 질러 도움을 청했다. 집안 사람이 다들 모여들었으나, 모두 무시무시한 뱀의 형상에 나서서 손 을 쓸 자가 없었다. 부모는,

"누구든 뱀을 없애다오."

라고 했지만, 누구도 어찌할 수가 없었다.

딸은 처음에 요란스럽게 소리를 질렀으나 잠시 후에는 진정했을 뿐 아니라, 이상하게도 뱀을 무서워하는 기미도 없이 등을 쓰다듬으며 달랬다. 그 이후로는 뱀도 딸에게 길들여지고 딸도 뱀을 사랑하여, 식사 때 숟가락으로 먹여 주면 뱀은 입을 벌리고 얌전하게 먹기도 했다. 하지만 부모는 하루라도 빨리 뱀을 떼어놓고 싶어 이런저런 기도를 올리거나 의사에게 상담을 하거나 했으나, 기도도 아무런 효험이 없고 의사도 이렇다 할 약이나 전하는 비법도 없다고 했다. 일가의 슬픔은 완전히 옆에서 보기에도 딱할 정도였다.

어느 가을 저녁, 어디에서 왔는지 마을에 한 노인이 찾아왔다. 백발동안白髮童顔의 신선이란 이런 것인가 싶을 정도의 사람이었다. 그 자가 김선달의 집에 와서,

"내가 뱀을 퇴치해 주겠소."라고 하였다.

일가의 기쁨은 이루 말할 수 없었다. 이 노인을 딸의 방으로 안내하자 노인은 딸의 모습을 주의 깊게 보고는,

"이는 망자의 혼령이 뱀이 되어 딸에게 집착하고 있는 것이다."

라고 하며, 그날 밤부터, 노인은 방 하나를 차지하고 철사와 종이로 뱀을 만들기 시작했다. 그 다음날 밤, 노인이 그것을 창 위에 걸쳐 두자 딸을 휘감고 있던 뱀은 이것을 발견하고 돌연 진홍빛 혀를 내밀며 돌진하여 이 철사뱀과 싸웠다. 서로 물고 뒤엉켜 감고 있었으나, 노인의 뱀은 철사로 만들어졌으므로 아무리 싸워도 조금도 해를 입지 않았다. 하지만 한쪽은 피투성이가 되어 창 아래에 사체로 드러눕고 말았다. 노인은 독경을 하며

이 뱀을 장사지내고 어디론가 떠났다.

그 후 딸은 좋은 혼처가 있어 부근의 양반가에 시집을 가 여러 자녀를
두었다. 그 노인이 어떤 사람이고, 어디로 갔는지는 아무도 모른다.

뱀의 관蛇の冠

함경북도의 어느 시골에 가난한 부부가 농사를 짓고 있었다. 가난하기
는 했으나 정직하다는 평판이 주변에 자자하여 누구나 칭찬하지 않는 자가
없었다.

어느 날 남편이 논에 나가 일하고 있었는데, 정오가 되었으므로 아내는
정성스레 식사를 장만하여 논두렁길을 따라가다가 도중에 샘물이 솟는
곳에 이르렀다. 이 샘물은 어떤 가뭄에도 물이 마르는 일이 없었다. 숲을
이룬 한 무리의 나무들이 시원한 바람을 일으켜 참으로 그냥 지나칠 수가
없는 곳이었다. 아내는 그곳에 잠시 멈추어 땀을 식힐 겸, 남편의 목을
축일 샘물을 쇠 주전자에 퍼담으려고 그곳으로 다가갔다.

잠시 시원한 바람을 쐬고 있으니 살 것 같았으므로,

"자, 가야지. 분명 배고파하고 있을거야."

라며 일어서는데, 물 저편에서 작은 뱀 한 마리가 재빠르게 이쪽을 향해
왔다. 무심코 보고 있자니, 발밑으로 기어왔다. 그때 뱀의 머리에 무언가
반짝이는 것이 있었다. 뱀은 다시 처음의 물을 건너 풀숲으로 들어갔으
나, 아내의 발 아래에는 진주로 장식된 듯한 작고 아름다운 관이 떨어져
있었다.

"진기한 것이다. 주워 가야지."

라며, 그것을 가지고 남편에게로 가서 샘 근처의 자초지종을 이야기했다.
남편은,

"이는 무엇인가의 길조인 듯하니 이 관을 소중히 둡시다."

라며, 이를 보물처럼 소중히 보관해 두었다. 그 후 이 집은 점차 번창하여
마을 안은 물론 이웃 마을에서도 어깨를 견줄 자가 없을 정도로 부자가
되어 편안한 나날을 보내다가 천수를 다하고 영면했다. 그 집은 지금은
그 부부의 손자대에 이르렀는데, 이전과 같이 번창하고 그 관도 잘 전해지
고 있다고 한다.

뱀술蛇酒

맹산孟山[11]을 일으킨 것은 갈葛이라는 성을 가진 사람이었다. 이 사람들
이 살았던 곳은 갈가도葛哥島라고 했는데, 강이 섬 가운데를 관통하여 흘러
한 쪽은 의성리義城里, 다른 쪽은 소학리巢鶴里가 되었다.

갈씨가 갈가도에서 매우 번성할 때, 갈씨 중의 한 사람이 혼인을 위해
금기를 깨고 몰래 갈대밭 속에서 술을 만들었다. 그런데 한 항아리에 뱀
한 마리가 빠져 죽어 있었다. 갈씨는 그것을 그대로 두었다. 혼례날이 되자,
어디서 왔는지 거지 한 명이,

"제발 술 한 잔 마시게 해 주십시오."

---

11 평안남도.

라고 하니,

　"이 뒤의 갈대밭 속에 술항아리가 하나 있다. 너희들을 위해 놔두었으니 마시고 싶은대로 마셔라."

라고 했다.

　거지가 기뻐서 곧바로 가보니, 그곳에는 정말 큰 항아리가 있었고 술향기가 코를 찔렀다.

　"이렇게 고마울 수가. 우선 한 잔 마셔야지."

라며 가까이 가니 뱀이 죽어 있었다.

　"이러면 마실 수가 없지."

　거지는 다시 달려가서 처음처럼 부탁을 했다.

　"너희들을 위해 갈대밭에 술항아리를 두었는데, 그것은 안 마시고 이곳에 오다니 무례한 놈이구나."

　갈씨는 이렇게 나무라며 좀처럼 좋은 술을 주지 않았다. 거지는 어쩔 수 없이 다시 갈대밭으로 가서,

　"이대로 쇠약해져서는 내 병도 도저히 나을 가망이 없어. 차라리 독주를 마시고 단숨에 죽은 편이 좋겠지."

라고 혼잣말을 하면서 그 술을 한껏 마시고는 그대로 그 자리에 쓰러져 죽은 사람처럼 되었다. 다음 날 아침 갈씨가 나와 그 모습을 보자, 거지의 콧구멍에서 작은 나방이 셀 수 없이 날아 나왔다. 거지는 잠시 후에 눈을 떴으나, 몰라볼 정도로 혈색도 좋고 기분이 상쾌해졌다. 반대로 갈씨는 그 이후 폐병에 걸려 나날이 여위고, 결국 점점 전염되어 일족이 전멸하고 말았다. 그 거지는 성을 박朴이라 하고 점점 집도 번창하여 사람도 늘고 지금도 그 자손은 맹산孟山의 사대성四大姓의 하나가 되었다.

보은과 망은 報恩と忘恩

옛날 대동강大同江에 홍수가 나서 연안의 피해가 극심했다. 집도 떠내려가고 논밭도 쓸려가고 사람도 동물도 떠내려가는 등 큰 소동이었다. 이때 평양平壤에 자비심 깊은 노인이 있었다. 노인은 작은 배를 만들어 떠내려오는 사람이나 동물을 구해 내며 몸을 사리지 않고 일했다. 그러던 중 날이 저물어 수면도 어둑어둑해질 무렵, 노루가 한 마리 떠내려왔다. 노인은 재빨리 이를 구하여 배에 실었다. 뱀이 또 떠내려왔다. 이는 그다지 좋은 것이 아니지만 죽이기에는 가엾다고 생각하여 구해 주었다. 그러자 한 소년이 나무 둥치를 붙잡고 떠내려왔다. '이것 큰일이다'라고 생각하여 구해냈다.

그리고 배를 기슭에 대어 노루와 뱀은 풀어주고, 소년에게

"너는 어디 사람이냐. 어떤 신분이냐."

라고 묻자,

"저는 가족이 모두 죽고 아무 데도 갈 곳이 없습니다. 차라리 구조받지 않고 저 물속에서 죽는 편이 나았을 것을."

이라고 하였다. 노인은 딱하게 여겨,

"그렇다면 내게 자식이 없으니 너를 양자로 삼아야겠다."

라며 그대로 집에 두기로 했다.

어느 날 노인이 집에 있으니 노루가 와서 노인의 소매를 물고 같이 가자는 시늉을 하였다. 노인이 이에 따라 나가 보니 어느 산으로 가서 바위 뒤를 앞발로 파기 시작했다. 노인도 함께 팠더니 항아리가 나왔다. 그 속에는 금과 은이 가득 들어 있었다. 그것을 가지고 돌아온 노인은 벼락부자가 되었다. 그 양자는 부잣집 아들이므로 사람들도 받들어 주었고 스스로도

자만심이 생겨 금전을 물 쓰듯 하고 품행도 방정치 않았다. 결국 노인이 하는 말도 듣지 않고 너무 엄하게 하면 오히려 말대답을 할 정도가 되었다. 그것이 심해져서 양자는 '차라리 재산을 나누어 별거하고 싶다'는 생각까지 하고는 노인에게 말을 꺼냈다. 노인은 너무나도 기가 막혔으나,

"말도 안 되는 소리다."

라고 잘라 말했다.

양자는 노인이 별거를 허락하지 않자 이제까지의 은혜를 잊어버리고

"나의 양부는 전에 나쁜 짓을 하여 훔친 돈을 산에 숨겨 두었다가 가지고 왔다."

라고 관리에게 밀고했다. 관리가 노인을 불러 조사하자, 노인은 아무렇지도 않게 말했다.

"나는 노루에게서 돈을 받았다."

관리는 이 말을 인정하지 않고 '노루가 돈을 줄 리가 없지'라고 생각하고는 노인을 옥에 가두기로 했다. 노인은 죄가 없다고 한탄하며 '조사하면 명백해질 일이다'라며 고통을 견디고 있었다.

어느 날 밤, 갑자기 큰 뱀이 들어와 노인의 팔을 물고는 그대로 사라졌다. 노인의 팔은 순식간에 독으로 부어오르고 통증도 심했다.

노인은 괴로워서

"내가 구해준 것이 모두 내게 해를 입히는구나."

라고 비관했다. 잠시 후에 그 큰 뱀이 풀을 물고와 상처에 눌러 붙이고, 남은 풀은 그곳에 두고 사라졌다. 노인은 '희한한 뱀이다'라고 생각했으나 그 사이에 통증도 멈추고 상처도 금세 나았다.

그런데 밖에서는 뭔가 큰 소동이 일어났는지 야단법석이었다. 노인이

144

앞을 지나가는 사람에게,

　"무슨 일이 생겼는가."

라고 물으니,

　"지금 군수의 모친이 큰 뱀에게 물려 통증이 심하고 순식간에 독이 퍼진 듯하여 아마 살아나지 못할 것이오. 군수님이 큰 걱정을 하고 있소."

라고 하였다. 노인은 '그러고 보니 내 팔을 문 뱀과 같은 것이로군. 그 뱀은 분명 내가 구해준 뱀이 틀림없어'라고 생각하고,

　"그렇다면 내가 바로 낫게 해주겠소."

라고 하자, 그 사람이 바로 군수에게 말했다.

　"그 노인을 옥에서 꺼내라."

라고 명하여 모친의 상처를 치료하게 했다. 노인은 뱀이 남겨둔 풀로 곧바로 완치시켰다.

　군수의 모친은 노인에게 예를 표하고 노인의 신상에 관한 이야기를 듣고는 그 죄가 없을 뿐 아니라 깊은 자비심을 치하하여 많은 상을 내렸다. 또 군수에게 말하여 노인을 방면하고 오히려 그 양자를 벌했다고 한다.

청개구리 雨蛙

청개구리가 비가 오기 전에 우는 이유는 무엇일까.

옛날 청개구리 한 마리가 언제나 부모의 말을 듣지 않고 뭐든지 반대로만 행동했다. 산에 가라고 하면 강으로 가고, 동쪽으로 가라고 하면 꼭 서쪽으로 갔다. 어느 날 그 부모가 곧 죽게 되었을 때,

"이제 나는 도저히 살 수 없을 것 같다. 만약 죽으면 강기슭에 묻어다오."
라고 유언을 남겼다.

청개구리는 평소에는 부모를 무시했으나, 부모가 죽게 되자 자식된 정으로 슬퍼서 견딜 수가 없었다.

"살아 있을 때에는 지독하게 불효를 했지만 이제와 생각하니 참으로 죄송하구나. 적어도 유언만이라도 지켜드려야지."
하고 정성스레 강기슭에 묻었다.

하지만 부모는 '강기슭에 묻어다오'라고 하면 저 심술꾸러기가 분명 산에 묻어 주리라고 생각한 것이었다.

그 후로 비가 오면 청개구리는

"부모님 무덤이 떠내려가지 않을까."
라고 걱정하여 우는 것이다.

대갈大蝎

고구려高句麗의 국경은 발해渤海 근방의 안시성安市城까지였다.

그 무렵 발해 연안에는 철이 없었으므로 솥을 만들 수가 없었다. 그곳에서는 대갈大蝎이라는 조개껍질을 솥 대용으로 하여 음식을 조리했던 것이다. 그래서 발해 근방의 백성은 쇠솥을 대갈이라 불렀는데 나중에 이 대갈의 발음이 변하여 대갈이大蝎而가 되고, 또 변하여 다갈이多蝎而가 되어 고구려 전국에 전해진 것이다. 북부지방에서는 지금도 가마솥('釜'의 조선어는 '가마'로 일본어와 발음이 같다)의 다른 이름을 다갈이라고 한다.

146

되루목되 어魚[12]

선조[13]가 난을 피해 궁궐을 떠나 며칠 동안 식사도 못하고 의주義州까지 피난길이 이어졌다. 때는 음력 4월 초순으로, 곡식이 없어 의주 사람들은 모두 곤궁해 있었다.

그곳의 어느 과부가 밤잠을 자지 않고 걱정하여 무엇이든 임금께 올리려고 궁리한 끝에, 유숙기乳熟期도 되지 않은 자기 밭의 보리로 밥을 짓고 목되를 구워 공손하게 올렸다. 임금님은 며칠이나 먹지 못한 참에, 이른바 '시장이 반찬'이라 참으로 천하의 진미라고 생각하셨다.

"이렇게 맛있는 것은 처음이다. 도대체 이 생선은 무엇이라 하느냐."
라고 말씀하셨다. 여인은,

"목되라고 하옵니다."

임금님은 그 이름이 나쁜 것에 놀라서,

"오늘부터 은어라 불러라."
라고 명하셨다.

그러는 사이 난도 평정되어 임금님은 경성京城으로 환궁하셨다. 어느 날, 그 목되를 떠올리시고는 의주의 그 여인을 불러 요리를 만들게 하셨으나, 그렇게 맛있었던 것이 지금은 전혀 입에 맞지 않았다.

"이것은 은어가 아니다. 역시 목되라고 불러라."

그 이후 이 생선을 '되루목되'라고 한다. '되루'[14]란 다시라는 의미이다.

---

12 역주 편자는 한글로 [되루목되]라고 표기하고 있다. 도루묵을 말한다.
13 제1편 천도래千度來 참조.
14 역주 [되루목되]와 [되루]는 한글로 표기되어 있다.

오징어의 뼈 烏賊の骨

처음 오징어에는 뼈가 하나도 없었다. 오징어는 항상 이것을 슬퍼하고 있었는데, 복어가 뼈를 100개 가지고 있다는 것을 듣고 재빨리 달려가,

"복어야, 너는 몸에 뼈가 100개나 있다고 하는데, 나는 하나도 없단다. 무슨 일이 있으면 곤란할 때가 많아. 내게 조금 나눠주지 않겠니?"

라고 부탁했다. 복어는 그 말을 듣고 매우 딱하게 여겨,

"뼈가 없으면 정말 곤란하겠구나. 그렇다면 하나 주지. 하나로 되겠니."

오징어는 매우 기뻐서,

"고마워. 하나로도 충분해. 제발 하나만이라도 얻었으면 좋겠어."

그리하여 오징어는 뼈가 하나 있고, 복어는 99개의 뼈가 있게 되었다.

잉어의 아이 鯉の子

조선에 어魚라는 성이 있다.

옛날, 어느 여자가 강가에 가서 빨래를 하고 있는데 잉어가 꼬리를 흔들며 나와, 그 여자의 허리를 치고는 물속으로 뛰어들어갔다. 그 여자는 그 후 임신하여 남자아이를 낳았다.

이것이 어씨의 선조이다.

거미와 지네蜘蛛と蜈蚣

옛날 평양平壤의 대동문大同門에는 큰 거미가 살고, 그 옆의 연광정練光亭에는 지네가 살고 있었다.

지금의 평양은 능라도綾羅島에 수원지를 만들어 을밀대乙密臺의 배수지에서 시내로 급수하지만, 이전에는 매일 몇백 명의 지게꾼이 대동강에서 물을 길어 집집마다 돌렸다. 그 물 긷는 사람의 발걸음이 모두 대동문을 지나가므로 거미는 그 소란스러움에 질려서 이웃의 지네와 사는 곳을 바꾸고 싶었다.

어느 날 거미가 연광정에 가서,

"대동문은 시내에서 가장 높고 멋진 건물이고, 게다가 경치가 대단히 좋지. 이런 좋은 곳에서 나 혼자 오래도록 살고 있자니 미안해서 잠시 자네에게 대동문을 양보하겠네."

라고 말을 꺼냈다. 지네는 일찍부터 대동문의 소란스러움을 알고 있었으므로,

"호의는 참으로 고맙네. 하지만 나 같은 자에게 대동문처럼 훌륭한 건물은 아깝지. 게다가 또, '사는 곳이 고향'이라고 연광정 같은 곳이라도 오래 살아보니 떠나기 어렵네."

라고 그럴듯한 구실로 거절했으므로 거미는 난처해졌다. 대동문에 돌아가 다시 생각해 보았으나, 아무래도 연광정 쪽이 조용하고 좋았다. 차라리 완력을 써서라도 빼앗으려고 마음먹고 그날 밤 사이에 연광정을 거미줄로 둘러친 뒤, 아침 일찍부터,

"지네야 나와라, 나와라."

하고 소리쳤다. 지네가 보니 온통 거미줄이 쳐져 있으므로, 어찌할 방도가 없어 결국 사는 곳을 바꾸었다.

담병痰病

조선에서 최초로 담배를 핀 자는 이조李朝의 김상헌金尚憲이라는 사람이다. 이 사람은 담을 앓고 있었는데, 담배 연기를 들이마시면 담이 없어진다는 것을 알고 아침저녁으로 애용했다. 그 일이 어느새 조정에 알려졌다.

임금님이 상헌을 부르셔서,

"그대는 풀의 연기를 들이마신다고 하는데 어떤 연기인가."

라고 물으셨다. 상헌은,

"이 풀은 원래 남해南海의 여송국呂宋國에서 가져왔습니다만, 담배痰破라고 불러 담을 치료하는 효과가 있다고 하여 조석으로 이용하고 있습니다."

라고 대답했다. 그 이후 임금님을 비롯, 대신에 이르기까지, 점차 전국에 퍼지게 되었다.

산신山神

인삼은 조선의 명물인데, 특히 산삼이라 하여 산야에서 자라는 인삼은 그 값이 비싸 한 뿌리에 수십 원, 수백 원 하는 것도 있다.

이 산삼을 불로초라고도 하며, 조선인은 물론 중국인이 특히 존중하여

150

불로의 약으로 생각하고 있다. 큰 병에 걸렸을 때 부자는 반드시 이것을 먹이지만, 먹이지 못하는 자는 약방에 요금을 내고 빌려와서 죽은 이의 머리맡에 바치고 사람들에게 보인다. 사람들은 이렇게라도 해서 효도한 것으로 여긴다고 한다. 한편 그 인삼은 장례식이 끝나면 약방에 돌려주는 것이다. 그 정도이므로, 산삼은 대개 중국인이 사가지만 옛날 조선에서는 군수나 관찰사 등이 징수했다고 한다.

산삼을 채집하기에는 여름과 가을 사이에 산에 들어가는데, 산에 들어가기 전에 먼저 돼지를 잡아 지성으로 산신께 제사를 올리고, 좋은 꿈을 꾼 후에 산에 들어가 여기저기 찾아다닌다.

지금으로부터 30년 정도 전에 후창군아厚昌郡衙의 소사로 정희힐鄭喜詰이라는 자가 있었다. 해마다 많은 돈을 들여 산신께 제사를 지내고 채집에 나섰으나, 하나도 찾지 못했다. 어쩔 수 없이 채집을 그만두려 했으나, 생각해 보니 매년 산신 제사에 헛되이 돈을 쓴 것이 바보 같다는 생각에 분노가 치솟아 산신이 있는 곳으로 찾아갔다.

"산신이여, 만약 혼이 있다면 제가 말하는 것을 들으시오. 저는 수년간 지성으로 제사를 지냈소. 그런데 전혀 소원을 들어주지 않는 것은 어찌된 일이오. 이런 박정한 신이 어디 있겠소."

라고 비난하며 가지고 있던 지팡이로 신목을 내리치고는 돌아왔다.

그러자 그날 밤, 꿈에 백발의 노인이 나타나서

"나는 수천 년간 이 산에 있었으나 너처럼 난폭한 자는 본 적이 없도다. 무례하기 이를 데 없는 놈이로세. 하지만 그 기개는 재미있도다. 내일 하산령河山嶺 기슭으로 오너라."

정희힐이 다음날 그곳에 가니 큰 인삼 세 뿌리와 작은 것이 잔뜩 나

있었다. 그는 산신의 사당으로 가서 어제의 무례를 진심으로 사죄했다고
한다.

군수郡守

수십 년 전에 같은 후창군청厚昌郡廳의 소사(軍奴) 중에 최모崔某라는 자
가 있었다. 이 자도 산삼캐기로 가산을 탕진해 버렸다. 여러 가지 생각한
끝에 어느 날 군수에게 가서,

"저는 다년간 산삼을 찾고 있는데 하나도 캐지 못하고 그 때문에 가산을
잃고 말았습니다. 산신도 실로 벽창호 같습니다. 제발 군수님께서 산신에
게 명령하여 제 소원을 들어주도록 해 주십시오."
라고 했다. 군수는 이를 듣고,

"네가 아무리 그렇게 말해도 신께 명령을 할 수 있겠느냐. 생각해 봐라.
나는 군수이므로 백성들은 모두 내 말을 따르는 것이 틀림없으나 신께서는
내 말을 안 들어주시지 않겠나."

하지만 최는 뜻을 굽히지 않았다.

"아니오, 아니오. 군수님 그것은 제 생각과는 크게 다릅니다. 백성이 군
수님 말씀을 따르는 것은 말할 것도 없지만, 가령 산신이라 하더라도 이
군에 있는 이상 군수님의 명령을 따르지 않을 리가 없습니다. 이 군내의
일은 군수님의 생각대로 되지않는 것은 없다고 생각합니다."

군수는 웃으며,

"알았다, 알았다. 네 말은 잘 알겠다. 그렇다면 지금 당장 명령을 내리겠

다. 너는 나와 함께 산으로 가자."

라며 최를 데리고 산신의 사당으로 가서 신목을 깎아,

"산신이여, 이 최의 소원을 들어주시오. 만약 그렇지 않으면 안됐지만 이 경내에서 물러갈 것을 명하오."

라고 글을 써서 올렸다.

그날 밤 최의 꿈에 소복을 입은 미인이 나타나,

"나는 운동雲洞[15]의 선녀로, 다년간 이 땅에 살아왔는데, 오늘 글을 보고 크게 놀랐다. 그대가 이제까지 산삼을 하나도 캐지 못한 것은 딱한 일이다. 내일 일찍 운동의 동구에 가 보거라."

라고 가르쳐 주었다. 최는 그곳에서 많은 산삼을 얻고 기쁘고 또 기뻐서 서둘러 군수에게 그 이야기를 했다. 군수도 매우 기뻐했다. 그날 밤 또 그 미인이 나타나,

"어제의 글은 빨리 치워다오. 나는 영원히 이 산에 살며 그 좋은 경치를 보지 않으면 안 되느니라."

라고 했다고 한다.

칡과 등나무葛と藤

옛날 백두산白頭山에 한 그루의 덩굴풀이 돋아났다. 자라면서 한 줄기는 만주滿洲로, 한 줄기는 조선으로 뻗어갔던 것이다.

---

15 후창군厚昌郡에 있다.

153

만주로 뻗은 것은 등나무가 되고 조선으로 뻗은 것은 칡이 되었다. 때문에 조선에는 등나무가 없었다고 한다. 하지만 지금은 내지에서 가지고 온 것이 여기저기에 있다.

질경이車剪子草

가토 기요마사加藤淸正가 조선 정벌을 하기 전에 조선을 이곳저곳 두루 돌아다니며 정황을 살피며 걷고 있었다. 그때 자신이 지나간 곳을 알리기 위해 원래 조선에 없었던 질경이 씨앗을 뿌리며 갔다고 한다. 지금도 그 풀을 보면 그가 다닌 행로를 알 수 있다고 한다.

맥주麥酒

어떤 사람이 아버지의 병을 의사에게 치료받고 있었는데, 좀처럼 좋아지지 않았다. 그러자 어떤 사람의 집안에 전해 오는 묘법이 있다는 것을 듣고 그 집을 찾아갔더니

"세 사람의 두뇌를 먹게 하면 반드시 낫는다."

라고 하였다.

그 사람은 '한 명의 병을 치료하기 위해 세 명을 죽이는 법은 없다'라고 생각하고 일단은 잊었으나, 아버지가 나날이 쇠약해지는 것을 보고는 슬퍼서 견딜 수가 없었다. 결국 나쁜 짓인 줄 알면서 세 명의 뇌를 구해야겠다고

154

결심했다.

어느 날 얼굴을 가리고 곤봉을 들고 마을에서 떨어진 산길에 숨어 사람이 오는 것을 기다리고 있었다. 얼마 안 되어 양반이 한 명 다가왔다. 조금 지나가게 두었다가 뒤에서 곤봉으로 일격을 가하여 죽였다. 다음에는 거친 사내가 기세 좋게 지나갔다. 다음에는 광인이 발광을 하며 왔다. 양쪽 다 불시의 공격으로 죽여서 그 뇌를 꺼낸 후 시체를 골짜기에 묻고는 기뻐서 집으로 돌아와 당장 아버지께 먹게 했다.

그 후 시체를 묻은 곳을 지나가보니 보리가 자라있었다. 그 열매를 따와서 술을 담아 먹었다. 그런데 처음에는 양반같이 점잖고 예의바르게 있다가 다음에는 말싸움을 한다. 그 다음에는 광인처럼 된다. 그 사람은 혼자 '과연 그렇군' 하고 고개를 끄덕였다.

땅에 뜸뜨기 地に灸

경상북도慶尙北道 상주尙州의 서쪽에 화령火嶺이 있는데, 화령의 서쪽은 충서忠西, 보은報恩 등이고, 동쪽은 인동仁洞, 남쪽은 선산善山이다. 선산은 좋은 곳으로 상주에 비하면 훨씬 청명하고 수영秀穎하다. 때문에 조선의 속담에 '조선의 인재 반이 영남에 있고 영남의 인재 반이 일선一善에 있다'라고 할 정도였다. 그러나 임진난에 병사가 이곳을 지날 때, 책사가 외국에 인재가 많은 것을 꺼려 병졸에게 명하여 읍 뒤의 맥을 끊게 하고, 숯불을 잔뜩 피워 뜸을 뜨고 또 큰 쇠못을 박아 그 기운을 눌렀다. 이로써 인재가 쇠했다고 한다.

사람 기둥人柱

강서군江西郡[16]의 동진면東津面 명학리鳴鶴里 앞에 제방이 하나 있다.

옛날 이 제방이 자주 끊어져 그 근처는 해마다 수해를 입었다. 어느 때 촌민이 모여 이를 보수하는데 어린 중 한 명이 마침 이곳을 지나다가,

"이 제방은 아무리 쌓아도 무너지지 않을 수가 없다. 만약 사람 기둥을 세우고 그 위에 제방을 쌓는다면 결코 무너질 염려가 없을 것이다."

라고 했다. 사람들은,

"좋은 이야기를 들었다. 이렇게 자주 무너져서는 정말 곤란하지. 누군가 사람 기둥이 되지 않겠나."

라고 했으나 '그렇다면 내가 되겠소.'라고 하는 자가 없다. 그때 어떤 사람이 말을 꺼냈다.

"이는 안됐지만 모두를 위한 것이므로, 그 어린 중을 산 재물로 삼자."

마을 사람들은 모두 이에 찬성하여 끝내 그 어린 중을 산 채로 묻고 말았다. 그 후에는 이 제방이 끊어진 일은 없다.

산위의 발굽소리山上の蹄音

해인사海印寺[17]의 서북쪽에 가야봉伽倻峯이라는 곳이 있다. 이 산의 서쪽은 깎아 세운 듯하여 오를 수는 없으나, 위에는 평탄한 곳이 있는 듯 정상에

---

16 평안남도에 있다.
17 경상북도 합천에 있다.

는 항상 구름이 걸려 있었다. 그곳의 사람들은 때때로 산 위로부터 음악 소리를 듣는 일이 있고, 해인사의 중들은 짙은 안개 속에 산 위의 말발굽 소리를 듣는 일이 있다고 한다.

연광정의 현판練光亭の額

평양 연광정練光亭의 동쪽 편에 연광정이라 이름을 쓴 현판이 걸려 있다. 이는 차석봉車石峯이 쓴 것이다.

어느 때 새로 부임해 온 감사가 이 정자에서 놀다가 현판을 보니 '광光' 자가 한 쪽으로 치우쳐 아무래도 보기에 좋지 않고 다른 글자도 그다지 잘 쓴 것이 아니므로,

"이런 현판을 이런 정자에 걸기에는 심히 어울리지 않는다."

라고 하며 대동강에 던져 버렸다.

그것이 점점 떠내려가 육로리陸路里 근처로 흘러갔을 때 배를 타고 유람하며 술을 마시고 있던 감사가 이를 보았는데, 연광정이라는 세 글자가 모두 이어져서 마치 강을 가로지를 정도로 크게 보였으므로 놀라서 다시 원래의 장소에 달게 하였다.

일설에, 주지번朱之藩이 조선에 와서 연광정에서 놀다가 현판을 써서 '제일선第一仙'이라 했는데 후에 조선의 어떤 사람이 일과 선 사이에 강江 자를 써 넣었다. 그것이 다른 글자보다 크기다 작았으므로 감사가 이를 보고 강물에 던져 넣게 했다. 그러자 현판은 강을 거슬러올라가 '강' 자가 점점 크게 보였다. 그래서 감사는 크게 두려워하여 다시 원래대로 두었다.

석등 안의 비서 石籠内の秘書

전라북도全羅北道 임피臨陂의 서쪽에 옥구沃溝라는 곳이 있다. 서해를 향하여 자천대自天臺가 있고 그 아래는 바다로 이어져 있다. 그 위에 두 개의 돌상자가 있다.

신라 때에 최고운崔孤雲이라는 사람이 태수太守가 되어 이곳에 있을 때이다. 이 사람이 커다란 돌 상자 속에 비서를 넣어 두었다. 그 후에는 사람들이 이를 열지 않도록 했다. 왜냐하면 만약 이 돌상자를 만지면 바다에서 폭풍우가 온다는 것이다.

그래서 가뭄이 들거나 할 때에는 이를 이용하여 마을 사람들 수백 명이 굵은 밧줄을 감아서 이를 움직이는데 그때마다 영험이 있었다.

그런데 문제가 하나 생겼는데, 이 영험한 돌상자를 보기 위해 이 마을에는 자주 객이 찾아왔고, 훌륭한 관리라도 오면 그때마다 꽤나 비용이 들었다. 이에 마을사람들은 실로 난처해 했다.

그곳에는 원래 정자가 있었으나 그것은 약 백년 전에 철거되고 이어서 돌상자도 묻혀 버렸으므로 지금은 흔적도 없어졌다. 따라서 보러가는 사람도 없어졌다고 한다.

팔만대장경 八萬大藏經

신라의 애장왕哀莊王[18]이 죽어 저승사자 앞에 나갔을 때,
"나는 대장경을 번각하려고 마음먹고 있었는데 갑자기 이곳의 부름을

받아 할 수 없게 된 것이 너무나도 아쉽다."

라고 호소했다. 그러자 염라대왕도 딱하게 여겨

　"애장왕을 인간세계로 돌려보내 주어라."

라고 명했으므로 되살아났다.

　그래서 곧바로 당나라에 들어가 팔만대장경을 구입하여 운반해 와서 이를 새겨 경상남도 합천陝川의 해인사에 백이십 칸의 전각을 지어 보관해 두었다. 조판은 총계 팔만 육천육백팔십육 매이고 이를 만드는데 16년의 세월이 걸렸다고 한다.

　이 해인사 부근을 나는 새는 모두 이 전각을 피하여 그 기와에 앉는 일이 없다. 임진란 때도 일본 병사가 이 부근까지 공격해 와서 자주 전화가 있었으나, 이 해인사는 안개가 가로막고 있었으므로 한 번도 일본군의 공격을 받은 일이 없다.

　이 판목이 땀을 흘리면 외국의 공격이 있다는 이야기가 있다.

백세청풍百世淸風

　황해도黃海道 해주海州는 예부터 이름 높은 도시로, 명소와 고적도 많은 가운데 백이숙제伯夷叔齊의 사당은 특히 유명하다. 사당은 해주읍의 동쪽에 있어 큰 나무가 많이 우거지고 실로 경치가 좋다. 그 앞에 높이 30자 정도의 큰 석비가 있어 백세청풍이라는 네 글자가 새겨져 있다. 그 글자가 크고

---

18 황기1461~1469(서기801년~809년).

깊이 새겨져 있으므로 글자에 쌀알을 넣으면 다섯 되나 들어간다고 한다.

옛날 이 비석을 세울 때 주희朱熹[19]가 쓴 백세청풍 네 글자를 배에 싣고 황해를 건너왔다. 도중에 풍랑이 크게 일어 배가 나아가지 못할 뿐 아니라 금방 침몰할 듯했다. 그때 배의 한 사람이,

"이 네 글자 중에서 '풍' 자가 다른 글자보다 한층 훌륭해 보인다. 풍랑은 이 글자 때문임에 틀림없다. 속히 이 글자를 바다에 던져 넣는다면 필시 파도도 가라앉을 것이다."

다른 사람들이 앞뒤 생각도 없이 그냥 이에 찬성했으므로, 바로 이 '풍' 자를 바다 속에 던져 넣었다. 그런데 이상하게도 곧바로 해상이 평온해졌다.

그 이후 해주에 돌아와 수양산 아래에 석비를 세우려니 '풍'자가 없다. 이에 모두 난처해졌으나 어디선가 동자 하나가 와서

"저는 수양산인首陽山人이라는 자이오. 심히 무학이지만 '풍'자를 내게 쓰게 해 주오."

라고 하고는, 큰 글자를 썼다. 그것이 실로 훌륭한 글자였으므로 사람들이 모두 놀랐는데 몇 시간이 지나자 그 동자는 피를 토하며 죽고 말았다. 사람들은 이를 비석에 새겼다.

비석의 땀石碑の汗

백이숙제伯夷叔齊는 은殷나라 사람으로, 주周나라 무왕武王이 은의 주왕紂王을 정벌할 것이라 간언했는데, 결국 무왕이 은을 멸망시켰다. 그 때문에

---

19 주周나라 사람.

두 사람은 수양산水楊山에 숨어서 고사리를 뜯어 먹고 주나라 곡식을 먹지 않았다. 후대의 사람들은 이 두 사람을 의인이라 하여 수양산 아래 석비를 세웠다.

어느 때 조선의 성삼분成三分[20]이라는 사람이 그 석비를 보고 시를 지어 그 완고하고 무식함을 비웃었다. 그 시는

> 當時叩馬諫言非　그때 말을 끌고 그르다고 간언했으니
> 忠義堂堂日月輝　충의는 당당히 일월에 빛나지만
> 草木亦添周雨露　초목 또한 주나라 비와 이슬에 젖은 것을
> 愧君猶食首陽蕨　그대 역시 수양산의 고사리를 먹은 것을 부끄러워하
> 　　　　　　　　노라

이때 석비가 비지땀을 흘렸다고 한다.

눈병 약眼病の薬

경주는 신라의 옛 도읍이다. 신라가 번영했을 때는 매우 번화한 도회지였으나[21] 지금은 깨어진 기와나 주춧돌 흔적이 글 읽는 자들에게 덧없는 눈물을 흘리게 할 뿐이다.

영웅 무열왕의 능은 동향으로 되어 있다. 그 수천 보 앞에 유명한 김인문金仁問이 쓴 무열왕 기적비紀績碑가 있었으나, 지금은 비석이 어찌 되었는지

20 　역주　편자는 성삼분이라고 하고 있으나, 성삼문成三文이 옳다.
21 황기1314~1320(서기654년~660년).

161

그 흔적도 없다. 단지 그 받침돌인 거북장식만 남아서 그 등에 비를 세웠던 구멍에는 언제나 빗물이 고여 있다. 이 빗물은 눈병에 영약이라 하여 옛날부터 이 지방 사람들이 소중히 여겨 왔다. 눈병이 난 사람은 이 돌 거북 앞에 정좌하여 우선 예를 올린 후 거북 등에 기어올라 물을 떠 눈에 바르는 것이다. 정말 효과가 있다고 하는데 과연 어떨지 모르겠다.

급수장給水場

어느 가난한 부부가 있었는데, 남편은 성격이 좋았으나 아내는 욕심이 많아 마을사람들에게 미움을 받고 있었다.

하루는 아내가 남편에게,

"당신처럼 일년 내내 가난하여 설날이 되어도 떡도 먹을 수 없어서는 도저히 앞으로 희망이 없소. 아무리 책을 읽어도 아무런 도움도 되지 않으니 제발 날 놓아주시구려. 나는 당신 같은 사람과 평생 가난하게 사는 것은 딱 질색이오."

남편은 이를 듣고,

"그리 생각한다면 할 수 없구려. 내가 무기력해서 당신을 고생시키는 것은 안됐소. 당신도 어딘가 좋은 곳이 있다면 다행스런 일이오. 언제든 좋으니 가도록 하시오."

아내는 기뻐하며 자기 소지품들을 가지고 나갔다.

남편은 불편함을 견디며 여전히 학문을 닦았는데 그 학식이 자연히 천하에 드러나 영의정대신에 임명되어 일국의 정사에 관여하게 되었다. 그러자

원래의 아내가 이들 듣고 일부러 경성을 찾아가,

"제발 원래대로 부부로 지내게 해 주십시오. 저의 도리에 어긋난 생각은 몇 번이고 사죄드립니다."

라고 빌었다. 남편은 물이 담긴 사발을 가리키며 그것을 땅에 쏟고는

"이 물이 다시 사발에 담길 수 있다면 원래대로 해 주겠노라."

아내는 이를 사발에 담고자 했으나 어떻게 그것이 원래대로 될 것인가. 아내는 낙담해서 죽고 말았다.

살아 있을 때는 미워했던 사람들도 여자가 죽고 보니 모두 이를 가련히 여겨 급수장이라는 것을 만들어 그 물을 채워 주기로 했다. 이 급수장은 돌을 모아 약간 높게 만든 곳으로, 조선의 길을 걷자면 때때로 이를 보게 된다.

또 이 급수장에서 병이 낫기를 기도하는 사람도 있는데, 그때는 침을 뱉는다. 이는 물을 바친다는 의미이다. 시골의 어린애들은 짚신 삼는 법을 배울 때 처음 만든 것을 급수장에 바치고 침을 뱉고 돌아온다. 그러면 점점 실력이 는다고 한다.

미륵보살彌勒菩薩

평안남도平安南道 대동군大同郡의 남쪽 형제산면兄弟山面 적갈리摘葛里의 서편 약 10정町되는 곳에 서제산西祭山(일명 제미산祭眉山)이라는 산이 있다. 너무 높지도 않고 크지도 않지만 이조의 어느 임금님이 이 산 위에서 천제를 지냈다고 하여 유명하다. 이 산에는 금송아지가 있는데, 그것은 보통사

람의 눈에는 보이지 않는 것이다.

지금으로부터 20여년 전에는 이 산의 북쪽에 무녀가 살고 있었다. 그곳에 미륵보살을 안치해 두었는데, 이 미륵보살에게 기도를 하면 아들을 낳고 재산을 불려 준다 하여 꽤 번창했던 것이다.

기도를 할 때는 밤 11시경 남몰래 무녀에게 가서 보살에 기도를 올리고 새벽에 아직 사람들이 잠에서 깨기 전에 돌아오는 것이다. 사람들에게 알려지면 효과가 없다고 한다. 또 그 기한은 성공할 때까지 며칠이고 행하는 것으로, 옛날에는 꽤나 영험을 보았다고 하지만 지금은 그 보살은 없어지고 말았다.

서묘西廟

평양平壤의 서묘는 관우關羽를 모신 곳이다. 이른바 관공묘關公廟이다.

옛날 이 사당을 건축할 때 여 모呂某라는 자가 기와를 지고 지붕에 올라갔으나 뜻밖에도 떨어져 죽고 말았다. 이는 관공이 여몽呂蒙에게 죽임을 당했기에 그 원한으로 여씨 성을 가진 자를 죽인 것이라 한다. 그 후에는 여씨는 서묘에 들어갈 수 없게 되었다.

아들 낳는 돌子授け石

평양平壤의 모란대牡丹臺 아래 영명사永明寺의 동쪽 옆에는 화강석花崗石으로 사방을 둘러치고 위는 같은 돌로 지붕을 이은 다음, 그 사방의 돌의 안팎에 불상을 새기고 안에는 석대 위에 하나의 불상을 안치해 두었다. 그 석불은 형태뿐으로 얼굴도 없어 무슨 불상인지 잘 모른다. 꽤나 오래된 것으로 어쩌면 영명사가 생겼을 무렵부터 있었던 것인지도 모른다.[22] 이 석불을 한 바퀴 돌면 아들을 낳는다고 하므로 아이가 없는 부부는 곧잘 찾아와 돌곤 한다.

---

22 고구려 광개왕廣開王2년 창설(황기1053(서기393년)).

전설의 조선

제4부

—

동화

두 형제二人の兄弟

언제쯤인지는 모르겠으나 후창군厚昌郡[1]에 두 형제가 있었다.

어느 날 동생이 산에 가서 나무를 하고 있는데 위에서 호두열매가 하나 떨어졌다. 동생은,

"이거 좋은 것을 주웠다. 이것을 아버님께 드리면 틀림없이 기뻐하실 거야."

라고 하고는 바구니에 넣었다. 그러자 또 하나 떨어졌다. 동생은,

"이것은 어머님께 드려야지."

라고 하자 또 하나 떨어졌다.

"이건 형님께 드려야지."

또 하나 떨어졌다.

"이건 내가 먹어야지."

그리고 집에 돌아가려 하자 갑자기 비가 내렸다. '이거 큰일이다'라고 생각하고 주위를 보니 낡은 집이 있었다. 다행이라고 생각하며 그 집으로 뛰어들어 갔다. 집에는 사람이 살고 있지 않고 2층에서 도깨비가 모여 금방망이와 은방망이를 들고 놀고 있었다. 동생은 놀랐으나 다시 도망갈 수도 없으므로 웅크리고 있었는데 배가 고파 자기 몫의 호두를 꺼내 깨물었다. 그런데 그 소리가 크게 집에 울려퍼졌다. 도깨비들은 갑자기 큰 소리가 나 집이 흔들리므로 매우 당황하여,

"이 집은 낡아서 이런 큰 지진에는 무너질 것이다."

---

1 평안북도.

라며 놀라서 눈을 동그랗게 뜨고 모두 도망갔다. 동생은 '이거 잘됐다'라며 혼자 기뻐서 그 곳에 남아 있던 금과 은방망이를 끌어모아 나가려고 하는데, 그곳에 한 장의 나무판에

前大臣元某之女某將使發病

전 대신 원 모의 딸 누구누구가 이제 곧 병이 날 것이다

라고 쓰여 있었다. 동생은 그것을 보고 집에 돌아가 금과 은을 양분하여 그 한 쪽을 형에게 보내고 바로 원 대신의 집에 가서 사정을 이야기하고 그 병을 예방했다. 대신은 크게 기뻐하여

"이는 딸의 생명의 은인이다."

라고 바로 사위로 삼았다.

형은 이것을 보고 욕심이 나서 동생에게 나눠 받은 것으로는 만족하지 못하고 동생이 갔던 산으로 가서 동생과 마찬가지로 나무를 하고 있었다. 그러자 이전처럼 호두가 나무에서 하나 떨어졌다. 형은,

"이건 내가 가져야지."

라고 주머니에 넣었다. 그리고 나중 것은 아버지와 어머니, 동생 것이라 하고는 돌아오는 길에

'비는 안 오지만 어쨌든 이 낡은 집에 들어가야지.' 하고 그 집에 들어가니, 도깨비는 이 날도 잔뜩 모여 있었다. '여기다'라고 생각하고 호두를 깨물자 역시 큰 소리가 나서 오래된 집이 흔들렸다. 그러자 도깨비들은,

"요전에 와서 방망이를 훔쳐 간 놈이 또 왔다. 이번에는 그 수에 안 넘어간다."

라며 우르르 나왔다. 형은 도망치려 했으나 도망칠 수 없었다. 도깨비들은
형을 잡아서 때려죽였다.

불효자식不孝息子

옛날 조선의 어느 시골에 부모에게 불효하는 남자가 있었다. 그 어머니
는 일찍 죽고 아버지와 자신과 아들 세 명이 살고 있었는데, 늙은 아버지가
일도 못하는 것을 언제나 성가시게 취급하여

"이런 도움도 안 되는 자는 빨리 죽는 것이 좋은데 그렇다고 죽이지도
못하고 큰일이다."
라고 했다.

어느 날, 아들을 불러

"너희 할아버지는 늙어서 일도 할 수 없으니까 이제부터 깊은 산속에
버리고 와야겠다. 너는 저 못 쓰는 지게를 가져오너라."
라고 하자 아이는 아무 말 없이 그 지게를 가지고 왔다. 그 지게에 노인을
억지로 동여매어 두 사람은 산으로 향했다.

아이는 도중에 아무 말도 하지 않고 갔다. 드디어 산에 도착하여 지게에
서 노인을 내려 나무 둥치 근처에 두고 돌아가려 하자 그 아들이 지게를
가지고 온다.

"그 지게는·이제 못쓰니까 버려도 좋다."
라고 하자 아이는,

"이 지게는 또 쓸 데가 있습니다. 아버지가 점점 나이가 들어 일을 할

수 없게 되면 그때는 이 지게로 지고 와야 합니다."

천하의 불효자도 이 한마디에는 완전히 말문이 막혔다. 그래서 이번에는 자신의 등에 부친을 업고 집으로 돌아왔다. 그 후에는 사람들에게 칭찬받을 정도의 효자가 되었다.

욕심쟁이 남자欲張り男

어느 마을에 기가 센 사내가 한 명 있었다. 가난했으므로 뭔가 돈벌이를 해야겠다고 생각하여 아내를 보고,

"내일은 들기름과 쇠몽둥이를 준비해 주게."

라고 부탁했다.

다음 날 그것을 가지고 산속에 가서 들기름을 온몸에 바르고 쇠몽둥이를 옆에 두고 볕이 잘 드는 바위 위에 누워 있었다. 호랑이는 이것을 보고

"맛있는 점심을 먹겠구나."

라고 생각하고 모여들었다. 슬슬 옆으로 다가와 머리가 드러나자, 사내는 느닷없이 쇠몽둥이로 머리를 때렸다. 호랑이는 허를 찔려 바위에서 굴러떨어져 죽어 버렸다.

사내가 그 호랑이를 짊어지고 집으로 돌아오자 마을 사람들이 모두 그 담력이 큰 것을 칭찬했다.

이 마을에 욕심쟁이 남자가 하나 있었다. 이 일을 듣고,

"그 정도 일은 누구든 할 수 있다."

라고 하고, 그 바위에 가서 누워 있었다. 그러자 또 호랑이가 모여들었다.

172

호랑이는 상의를 하여,

"저기에 지난번에 왔던 인간이 또 와있다. 이번에는 조심해서 맞지 않도록 해라."

라고 하며 좀처럼 다가오지 않았다. 하지만 그곳을 떠나지도 않았다. 그 남자가 문득 정신을 차리니 쇠몽둥이를 가져오는 것을 잊고 자신은 그저 바위 위에 누워있었다. '이거 큰일이다'라고 생각하고 호랑이가 다가오지 않는 것을 다행이라 여기며 쏜살같이 도망쳤다. 호랑이는 도망치는 자는 반드시 쫓는 법인지라 뒤에서 단번에 달려들어 그 사람의 어깨를 물어 쓰러뜨렸다. 결국 많은 호랑이들이 맛있는 진수성찬을 얻게 되었다.

한어쓰기 漢語遣ひ

옛날 깊은 산골에 외동딸을 위해 사위를 맞이한 농부가 있었다. 이 사위는 함부로 한어를 사용하며 우쭐대고 있었다.

어느 날 해질녘에 호랑이가 와서 장인을 물고 갔다. 사위는 큰소리로 외쳤다.

"南山白虎 北山來後壁破之 舅捕捉去之 故有銃者持銃來 有槍者持槍來 有弓矢者持弓矢來 無銃無槍無弓矢者 持杖來(남산의 백호가 북산에 왔다. 뒷담을 부수고 장인을 물고 갔다. 그러니 총이 있는 사람은 총을 가지고 와라. 창이 있으면 창을 가지고 오고 활이 있으면 활을 가지고 오고 총도 창도 활도 없는 자는 막대기를 들고 와라)."

마을 사람은 모두,

"저 녀석이 또 알 수 없는 말을 하고 있군. 바보같은 놈."

하며 누구도 나가는 자가 없었다. 사위는 크게 노하여 마을 사람들의 무정함을 맹렬하게 공격하며 이를 군수에게 고했다. 군수는 내버려둘 수도 없으므로 마을의 책임자들을 불러 이를 질책했는데, 그 사람들은 이구동성으로,

"그는 쓸데없이 한어를 사용하므로 우리들은 무슨 말을 하는지 전혀 알 수가 없습니다."

라고 대답했다. 군수는 그렇다면 '나와서 도와주지 않는 것도 무리는 아니다'라고 생각하여 사위에게 그 이유를 들려준 다음,

"너는 한어를 사용했겠지. 그것이 진정으로 잘못된 것이다. 이제부터는 한어를 사용하지 말라."

라고 명령했다. 사위는 할 수 없이

"實用漢語願容怒而已(실로 한어를 쓰고 싶으니 허락해 주십시오)."

라고 했다. 군수는,

"또 한어를 사용하느냐."

라고 포졸에게 명하여 곤장을 치게 했다. 그러자,

"今後決不用漢語(앞으로는 한어를 절대 쓰지 않겠습니다)."

라고 말했다. 군수도 끝내 웃으며 허락하고 말았다.

어리석은 형과 현명한 아우愚兄賢弟

두 형제는 어머니를 모시고 살았다. 그 어머니가 병에 걸려서 동생은

의사를 찾고 약을 구하는 등, 미친 사람처럼 걱정하고 있었으나, 형은 그렇게까지 생각하지 않는 모양으로, 매일 빈둥빈둥 놀고 있었다. 동생의 간병도 물거품이 되었고 어머니는 결국 저세상 사람이 되었으므로 동생은 정성스레 장례를 치렀다. 그러나 형은 눈물 한 방울 흘리지 않았다.

장례식 후 사흘 째 되는 날, 무덤에 가니 귀여운 강아지가 무덤 옆에 있기에 그것을 데리고 집으로 돌아와 소중하게 길렀다. 그러자 이 개가 동생을 잘 따르고 동생이 하는 말은 무엇이든 알아듣게 되었다.

어느 날 동생이 밭에 씨를 뿌리려 하자 그 개도 함께 따라와 씨뿌리기를 도왔다. 그때 베장수가 그 옆을 지나가자 개는 무슨 생각을 했는지 계속 짖으며 달려들었다. 장수는 화가 나서 돌을 주워 개에게 던지려고 하였다. 동생이 당황하여 이를 저지했으나 장수는 좀처럼 듣지 않았다. 동생은,

"이 개는 저의 소중한 개입니다. 여러 가지 일을 도와주니 제발 돌을 던지지 마십시오."

장수는 따지듯이,

"뭐야, 개가 일을 도와준다고? 등신. 그런 바보같은 말 마라. 함부로 지나가는 사람에게 짖는 개는 쳐 죽여 버릴테다."

꽤나 서슬이 퍼렇다.

"정말입니다. 지금도 씨뿌리기를 도와 주고 있는 참이니 제발 용서해 주십시오."

장수는 점점 더 화가 났다.

"아직 그런 말로 속이려 하느냐. 어떻게 개가 일을 할 수 있는가?"

동생도 조금 답답하고 안달이 났다.

"지금 여기서 일을 하면 어떻게 하겠소."

장수는,

"개가 일을 하면 이 베를 전부 네게 주지. 그 대신 만약 일을 못하면 어찌 할래."

동생은 태연히 대답했다.

"일을 못하면 이 밭과 거기 있는 소를 당신에게 주겠소."

계약은 곧바로 이루어졌다. 동생이 개에게 일을 명령하자 말 한대로 뭐든 알아들었다.

장수는 결국 옷감을 전부 넘겨 주게 되었다. 동생은 그 후 점점 부유해졌다.

형이 이 일을 듣고 동생 집으로 그 개를 빌리러 왔다. 동생은 흔쾌히 빌려주었다.

다음날 형은 전에 없이 일찍 일어나 개를 데리고 씨를 뿌리러 갔다. 정오 무렵에 또 베장수가 왔으므로, 개를 부추겨 덤벼들게 하여 개가 짖기 시작했다. 그리고 앞서 동생이 말한 순서대로 또 내기를 하게 되었다. 그런데 개에게 일을 명령해도 어찌된 일인지 개가 전혀 일을 하지 않았다. 그래서 결국 소도 밭도 뺏기고 말았다. 형은 개 때문에 큰 손해를 보았다고 하며 불쌍하게도 그 개를 때려죽이고는 동생에게 그 이유를 이야기했다. 동생은 울면서 사체를 가지고 돌아와 마당에 묻고 그 위에 대나무 한 그루를 심었다. 그것이 점점 자라서 결국 하늘까지 닿아 하늘의 금고를 찔렀으므로 보물이 비처럼 쏟아져 동생은 천하 제일의 갑부가 되었다.

형이 또 이 일을 듣고 그 사체를 파내어 자기 마당에 묻고 그 위에 마찬가지로 대나무를 심었다. 그 대나무가 자라서 결국 하늘까지 닿았으나 공교롭게 하늘의 변소를 찔렀으므로 분뇨가 잔뜩 쏟아져 내려와 그 집을 뒤덮어 형은 죽고 말았다.

며느리와 시어머니 嫁と姑

어떤 집의 며느리가 시어머니를 몹시 미워하고 있었다.

"어서 죽으면 좋을 텐데, 저 혈색을 봐서는 금방 죽을 것 같지가 않으니, 참 곤란하군."

하고 푸념을 늘어놓고 있었다. 그러자 이웃집에 눈치가 빠른 할머니가 살고있어서 어느 날 이 며느리와 차를 마시며 이야기를 하다,

"댁네 시어머님이 심술이 고약하다고 세상 사람들이 많이 이야기하고 있어요. 그런 시어머님하고 같이 지내며 밤이나 낮이나 눈치를 살피고 사는 게 이만저만이 아니겠어요."

며느리는 자기편이 생겼다고 생각하며 한껏 우쭐하여,

"정말요, 저도 싹싹하진 않지만 우리 시어머니 같은 사람은 또 없답니다. 일 년 내내 염라대왕이 말향抹香을 태우는 듯한 표정으로 방을 노려보고 있는 걸요, 정말이지 질색이에요."

할머니도 열심히 맞장구를 쳤다.

"딱하게 됐군요. 시어머님이 돌아가시지 않는 동안은 당신은 편하지 않겠어요. 그렇지만 저런 혈색으로는 오 년이나 팔 년 안으로는 죽을 것 같지도 않네요."

며느리는 비관한 듯,

"저처럼 운이 나쁜 사람도 없을 거예요. 어쩔 수 없으니 포기하고 있어요."

할머니는 며느리를 위로했다.

"그렇게 포기하지 않아도 괜찮아요. 이건 실은 비밀인데요, 커다란 밤을

푹 삶아서 오전 열 시 쯤과 오후 세, 네 시 정도에 시어머님이 배가 고파 있을 즈음을 노려서 먹을 수 있을 만큼 먹이세요. 그러면 빨리 죽는다고 하니까, 그걸 해 보면 어떨까요?"

라고 가르쳐주었다. 며느리는 기뻐하며,

"그것 참 수고스럽지도 않은 방법이네요. 그걸로 일이 잘 된다면 정말로 더 바랄 게 없겠어요."

그 후 할머니가 가르쳐준 대로 며느리는 매일 밤을 삶아서 시어머니에게 먹였다.

그렇게 하자 며칠 지나지 않은 사이에 시어머니는 이웃집에 가서 며느리를 칭찬했다.

"우리 며느리는 정말로 착한 여자예요. 여태까지 나쁘게 보고 있었지만, 그건 모두 내가 잘못한 거예요."

라고 며느리 자랑을 하게 되었다.

며느리도 전과는 정반대로 바뀌어서,

"지금까지 시어머니를 미워했던 건 참으로 죄송스런 일이야. 우리 시어머니만큼 잘 돌봐주는 사람은 세상에 또 없을 거야. 시어머니가 빨리 죽으면 좋겠다고 생각했던 건 정말 괘씸한 일이었어. 나는 벌을 받아도 당연해."

라고 말하게 되었다.

이웃집 할머니는 이런 광경을 보고 혼자 미소 지었다.

바보 사위馬鹿婿

어떤 시골 사람이 딸에게 사위를 들였다.

이 사위는 산골에서 자라서 평소에는 제대로 된 식사도 하지 못했지만, 사위가 되었으니 그에 어울리는 옷차림을 하고 중매인을 따라 처갓집에 찾아왔다. 시골이라고는 하지만 처갓집에서는 진수성찬을 준비해서 사위가 오는 것을 기다리고 있었다.

사위는 귀한 진수성찬을 배불리 먹고 굉장히 기뻐했다. 아무리 먹어도 또 먹고 싶다는 생각이 들었지만, 가득찬 배를 마음대로 할 수 없었다. 사위는 하는 수 없이 그 정도 선에서 식사를 멈췄다.

저녁이 되어 배가 조금 고팠기 때문에 그는 처에게,

"남은 진수성찬이 있을 테니 이리로 가져오시오."

라고 명령했다. 처가 이 말을 듣고 혼자서 곰곰이 생각했다.

'이거 참 엄청난 사람이 왔구나. 아버지는 무슨 생각으로 이런 사람을 산속에서 주워 온 거람.'

아무리 남편의 명령일지라도 처가 생각하기엔 너무도 어처구니가 없었다. 때문에 처가 아무런 대답도 하지 않고 있자, 그가 참지 못하고 홀로 나가 부엌을 뒤지니 진수성찬의 잔반이 있었다. 이것도 먹고 저것도 먹은 뒤 그는 작은 단지를 발견했다.

"이건 뭐지?"

라고 말이 끝나기도 전에 손을 집어넣었다. 한 움큼을 쥐어서 꺼내려고 하자, 아뿔싸, 아무리해도 손이 빠지지 않았고, 빼려고 하면 손이 아팠다. 그는 단지를 손에 늘어뜨린 채 나와 돌에라도 부딪혀서 깨부수려고 했다.

그 무렵은 여름 달밤이었다. 처마 아래에 자고 있던 장인의 벗겨진 머리에 달빛이 비쳐서 돌처럼 보였다. 그는 이 돌로 단지를 깨부수려고 힘껏 부딪혔고, 단지가 깨졌다. 장인은 놀라서 앞뒤 상황도 모른 채 도망쳤는데, 공교롭게도 기둥에 박았던 못에 옷이 걸렸다.

"으악, 살려줘! 목숨만은 살려주게!"

이것을 본 사위는 쏜살같이 자기 집까지 도망쳐 갔다. 집에 있던 자가 놀라서,

"이런 시각에 어째서 돌아온 건가?"

라고 말하자,

"간밤에 이 단지 속의 과자를 꺼내려고 했는데, 이대로 손에 매달린 채 아무리해도 빠지지 않았습니다. 어쩔 도리가 없어서 집으로 돌아와 망치로 깨부수려고 온 것입니다."

부모도 동정하며,

"그거 참 곤란하게 됐구나. 그렇다면 어서 단지를 깨 보자."

단지가 쨍그랑 깨졌다. 그러자 사위의 손은 과자를 꽉 움켜쥐고 있었다.

양자養子

옛날 경성京城의 어느 대신大臣에게 아이가 없어서 양자를 구했는데, 쉽사리 마음에 차는 아이가 나타나지 않아서, 스스로 여러 지방을 돌아다니며 양자를 찾게 되었다. 그 소문이 전라남북도에 퍼져 아이를 가진 사람들 모두가 내심 기다리고 있었다.

180

대신은 어느 지방에 도착하여 아이들을 모아서 살펴봤다. 아이들은 대신을 무서워하여 모두 움츠러들어 있었다. 그중 더러운 의복을 입은 한 명이 대신을 어려워하는 기색도 없이, 장난을 치며 나란히 있는 다른 아이의 머리카락을 잡아당기거나 발을 차거나 했다. 이미 대신은 이 아이를 점찍고, 아이의 부모와 상담하여 양자로 들여 경성으로 데려와 학문을 시켰다. 그러나 아이는 조금도 공부 같은 건 하지 않았고, 전과 마찬가지로 장난만 치고 있었다. 대신은 몹시 곤란해했는데, 어느 날 귀찮은 일을 시켜서 아이를 하루 종일 집안에 두려고 생각하고 쌀 한 말이 몇 알인가를 세게 했다. '이렇게 하면 하루 종일 밖에 나갈 수 없겠지.'라고 생각했다. 그리고 대신은 늘 그렇듯 출근을 했다. 그 후 역시나 아이는 아침부터 밖으로 놀러 나가 쌀알을 셀 겨를이 없었다. 다만 아이는 외출할 때 사환을 시켜 작은 상자를 찾아 놓도록 했다.

한편 저녁 무렵에 아이가 돌아와서 사환에게 그 상자를 꺼내게 하고, "이 안에 쌀을 담아라."라고 하고 쌀알을 세게 하였다. 그리고 저울을 가져오게 하여 쌀 한 말의 무게를 쟀다. 그렇게 하여 그 쌀알이 몇 알인지 종이에 쓰고 대신 앞에 내밀었다. 대신은 사환에게서 자초지종을 듣고 크게 감탄했다.

그때 어느 군郡에 재판이 열렸는데, 판결을 내리기가 어려운 사건이었다. 군수郡守는 곤혹스러워 하며 정부에 사건을 넘겼다. 정부 쪽에서 사실을 조사해 보니,

'어떤 집에서 세 사람이 죽어 있었다. 한 사람은 가슴에 상처가 나 있고, 두 사람은 돈을 갖고 있고 그 한 가운데에 술병이 놓여 있었다.'

라고 했다. '이 밖에 다른 하수인이 있었던 것일까?' 또는 '세 사람이 싸운

것일까? 혹은 '다른 원인이 있는 것일까?'라는 점이 쟁점이었다.

정부의 관리도 모두 어떻게 할지 고심했다. 대신은 이 사건을 가지고 다시 양자를 시험했다. 잠시 생각하던 그 아이는 대수롭지 않게 바로 입을 열었다.

"그 세 사람은 모두 도적들입니다. 가슴에 상처가 난 자는 술을 사러 가서 술에 독을 탔고, 그것을 두 사람에게 마시게 하여 자기 혼자 돈을 차지하려고 했던 것입니다. 하지만 두 사람 쪽에서도 술을 사러 보낸 뒤에 서로 상의하여 그 자가 돌아오자 죽였는데, 그 후 두 사람이 그 술을 마셨던 것입니다."

라고 답했다. 아이는 모두가 곤란해하던 어려운 문제도 쉽게 해결했다.

대신은 크게 기뻐하며 아이를 소중하게 길렀다. 이 아이는 후에 관청에서 일하여 훌륭한 자리에 올랐다.

여우의 재판狐の裁判

나그네가 산길에 접어들자 어디선가 간절히 자신을 부르는 자가 있었다. 나그네가 '어디지?'라고 생각하며 여기저기 돌아보았지만, 아무도 없었다. 그래서 다시 나그네가 길을 나서려고 하자, 또 다시 불렀다. 그것은 호랑이가 구덩이 속에서 나그네를 부르는 소리였다.

"여보시오, 사람 님! 나는 이렇게 구덩이에 빠져 나갈 수가 없소. 부디 작대기 하나를 내려줘서 날 좀 살려주시오. 은혜는 반드시 갚겠소이다."

라고 말했다. 나그네는 호랑이를 살릴 수 있는 처지가 아니었다. 그래서

호랑이에게,

"너 같이 위험한 녀석을 어찌 살려줄 수 있겠느냐, 사오일 굶고 있으면 그 사이에 너도 편안해 질 것이다. 조금만 인내하면 되니, 참도록 해라."
라고 말하고 길을 떠나려고 하자, 호랑이는 더욱 구슬픈 목소리로,

"그렇게 몰인정하게 말하지 마시오. 과연 귀공이 말한 대로 나는 위험한 녀석이기는 하나, 도움을 받는다면 그 은혜를 잊거나 하지 않겠소. 제발 구해 주시오."
라고 간절히 부탁하니 나그네도 결국 측은한 생각이 들어, 통나무 하나를 구덩이에 걸쳐서 호랑이를 구해 주었다. 그런데 호랑이가 그 나무를 타고 올라와서 말하길,

"어이 인간, 나는 오늘로 사흘째 아무것도 먹지 못해서 배가 고파 몹시 힘들다. 네가 살려준 이상 앞으로 계속 살아가지 않으면 안 되니, 뭐 조금 불쌍하긴 하지만 네 살을 먹을 수밖에 없겠구나."

나그네는 이 말을 듣고 기가 막혔다. 그리고 내심 후회했다. '믿을 수 없는 녀석을 믿은 내 잘못이다.'라고 생각했지만, 이제와 되돌릴 수 없었다. 그래서 나그네는 호랑이에게,

"네가 말하는 건 정말이지 당치도 않다. 그러면 은혜를 원수로 갚는 격이 아니냐."
라고 말하자 호랑이는,

"당치도 않은 일이 아니다. 배가 고팠을 때는 누구라도 상관없다. 먹을 수 있는 고기를 사양치 않고 먹는 것은 당연한 일이니, 조금도 당치 않은 일이 아니다."

호랑이는 좀처럼 이해하지 않았다. 나그네는 몹시 곤란했다. 그러나 도

망칠 수도 없는 노릇이라 다시 호랑이에게,

"그렇다면 누구 말이 맞는지 다른 사람에게 재판을 받아 보자. 그리고 내가 진다면 그때는 네 먹이가 되겠다."

라고 말했다. 호랑이는 '당연히 내가 이긴다.'라고 생각했기 때문에, 바로 승낙했다.

나그네와 호랑이가 함께 소가 있는 곳으로 갔다. 소가 말하길,

"모든 인간이란 놈들은 괘씸한 녀석들이야. 우리에게 일 년 내내 무거운 짐을 짊어지게 하거나 수레를 끌게 하고, 또 추운 날이나 더운 날에도 코를 꿰뚫어서 끌고 돌아다니며 눈이 돌아갈 정도로 부리지. 그런데도 제대로 된 먹이도 주지 않아. 그뿐인 줄 알아, 조금 나이가 들어서 쇠약해지면, 죽여서 고기로 먹어버리고 만다네. 인간만큼 이해할 수 없는 녀석은 또 없어. 잡아먹어 버리게."

호랑이는 이 말을 듣고 자신만만해졌다.

"자, 인간 어떠냐?"

하며 코를 벌름거렸다. 나그네는,

"아니, 그가 말한 걸로는 안 돼. 다시 한 번 다른 사람에게 재판을 받아 보자."

라고 하여 이번에는 소나무가 있는 곳으로 갔다. 소나무는,

"그건 우군牛君이 정당하게 말한 거야. 인간만큼이나 고약한 자는 없어. 우리도 어렸을 때는 이래저래 돌봐 주며 잡목을 베어 주거나 잡초를 베고, 함부로 가지를 꺾지 말라고 하며 산림보호라든가 뭔가라고 말하곤 하지. 그래서 실제로 보호해 주는 거라고 생각했더니 그건 또 큰 착각이었지. 우리가 조금이라도 자라면 베어 쓰러뜨려서 재목으로 쓰거나 장작으로

삼고 아무렇지 않게 난폭하게 대하지. 그런 녀석은 상관없으니까 잡아먹어
도 문제없네."

라고 판결을 내렸다. 호랑이는 점점 자신만만해져서,

"인간, 어떠냐? 더 할 말이 있을 리가 없지."

나그네는,

"소나무가 말하는 것은 아전인수격의 이론이야. 이제 한 번 더 누군가에
게 물어봐서 거기서 지면 그때는 먹혀도 별 수 없지."

라고 말하여 이번에는 여우가 있는 곳으로 갔다. 여우는 양쪽의 이야기를
듣고,

"당신들이 싸우는 건 서로 자기 생각만 하기 때문이야. 하지만 이 싸움의
원인이 무엇인지 호랑이군이 말하는 게 사실인지 아닌지, 그것을 그 장소
로 가서 조사해 보자고."

라고 말했다. 호랑이는 신바람이 나 앞장서서 일전의 구덩이로 안내하여,

"거짓이고 뭐고 없어. 내가 이렇게 구덩이에 빠져 있었어."

라고 말하며 자처하여 구덩이로 뛰어들었다.

여우는 조용히 입을 열고,

"아, 이제 확실히 알았다. 이쯤에서 자기만 생각하는 논리는 서로 그만
두고, 원래 있던 대로 그렇게 호랑이 군은 있으세요. 사람 님은 이런 곳에
우물쭈물 있지 말고 어서 집으로 돌아가도록 하세요. 이것이 바로 공평한
판결입니다."

라고 선고했다.

185

원숭이의 재판猿の裁判

　여우가 메마른 겨울 하늘 아래 먹을 것을 찾으러 나왔다. 이곳저곳을 돌아다니다가 보니 점점 사람 사는 마을에 가까워졌다. 그런데 어디에서인지 고기 냄새가 나는 것이다. 코를 킁킁거리며 냄새가 나는 곳을 찾아갔는데, 개 한 마리가 역시 그 냄새를 맡고 왔고, 둘은 고기가 있는 장소에서 딱 맞딱 뜨렸다.

　"내가 찾아낸 거야."

　"아니, 내가 먼저 찾아낸 거라구."

하며 서로 싸우고 있었다. 이 소란을 듣고서는 원숭이가 다가왔다.

　"뭐야, 무슨 일인데?"

하고 물었더니,

　"여차여차하다."

하고 그 연유를 설명하였는데

　"이것은 둘이 동시에 찾아낸 것이니, 반절씩 나눠 가지는 게 좋겠다. 나는 이 일과 상관이 없으니 공평하게 나눠주지."

　원숭이는 이렇게 말하고는, 고기를 두 쪽으로 나누었다. 그런데 한 쪽이 조금 더 컸다. 여우도 개도 한 쪽이 크다보니, 그것을 받으려고 하자, 원숭이는

　"아, 잠깐만, 이러면 한쪽이 크니 불공평하군. 그럼 큰 만큼 잘라내자."

라고 하고서는, 큰 쪽의 고기를 조금 떼어내서는 그것을 자기 입으로 집어넣었다. 그런데 이번에는 너무 떼어 내었기에 크던 쪽이 오히려 작아졌다. 원숭이는 또,

"이거 또 불공평하게 되겠구나. 이번에는 이쪽을 조금 떼어 내지."

라고 하고서는 재빨리 조금 덜어내어, 그걸 또 자기 입에 집어넣는 것이었다.

이번에도 또 너무 많이 떼어 냈다. 원숭이는 조금 전에 했던 일을 또 반복하였다. 이렇게 몇 차례 고기를 자기 입에 집어넣었다. 이것이 몇 번인가 반복되는 사이, 문제가 되었던 고기는 흔적도 남지 않게 되었다.

개도 여우도 이러한 원숭이의 영리함에 혀를 차며 질색을 하고 있었는데, 원숭이가 시치미를 떼고 말하였다.

"너희들이 싸울 이유가 없어졌으니, 이제 싸울 필요가 없겠지. 둘 다 얌전히 집으로 돌아가. 나는 먼저 실례하지."

이렇게 말하고는 재빨리 나무 위로 올라갔다.

호랑이를 탄 도둑虎に乗った泥棒

어느 곳에 이 서방李書房이라는 대도大盗가 있었다.

어느 날 밤에 일을 나가 어떤 집 밖에서 집 안의 모습을 엿보니, 그와 거의 동시에 호랑이가 한 마리 와서 이 서방 곁에서 안의 모습을 엿보고 있었다. 이 서방도 호랑이도 서로 그 사실을 몰랐다.

집 안에서는 아이가 연신 울고 있었다. 엄마는 아이를 달래며

"그렇게 울면 호랑이한테 잡아먹힌다?"

라고 말했지만, 아이는 좀처럼 그치질 않았다. 그러자 아이의 엄마도 곤란해져서

"그러면 감 줄 테니까 울면 안 돼."

라고 말하니 아이는 울음을 딱 멈춰 버렸다.

호랑이는 이것을 듣고 매우 놀랐다.

'나에게 잡아먹힌다고 말해도 울고 있던 아이가 감을 준다고 말하니 금방 울던 것을 그쳤다. 그렇다면 감이라는 녀석은 어지간히 힘센 놈임에 틀림없다.'

라고 생각하면서, 외양간 앞에 엎드려서 소를 잡아먹으려고 하고 있었다. 이 서방은 '집 안은 어수선하니 소라도 끌어 내야겠다.'라고 생각해서 가 보니 소는 외양간 앞에 엎드리고 있는 것 같았다.

'이것 참 다행이다'.

라며 갑자기 잡아당기기 시작했다. 호랑이는,

'나를 잡아끄는 녀석은 이 세상에는 분명히 없을 것이다. 아마 이건 감인 것이 분명하다. 감 외에는 나를 끌고 갈 놈은 없다. 어설프게 달려들면 크게 당할지도 몰라.'

라고 생각하여 얌전히 끌려갔다. 이 서방은 도중에 지쳐서 '소를 좀 타고 가자'라고 생각하여 소 위에 타고 느긋하게 가는 중에 날이 밝아왔다. 마을 사람과도 도중에 만났다. 마을 사람은,

"이 서방은 과연 대도구나, 굉장하다. 호랑이를 타고 간다."

라며 놀라서 보고 있었다. 이 서방은 문득 정신이 들어서 '정말 호랑이구나.'하고 놀라서 뛰어 내리자 호랑이는 감에게 먹히지 않도록 그 틈을 타 간신히 도망쳤다.

이 서방은 오싹했지만, 호랑이가 도망쳐 줘서 다행이었다. 그로부터 출가하려고 마음먹고 도둑질을 그만두고는 후에 그 마을 촌장에게 추천을

188

받았다.

호랑이와 표범虎と豹

어떤 사람이 산길을 가다 호랑이와 표범을 만났다. '이것 참 큰일이구나.'라고 생각했지만 어찌할 수도 없었다. 얼른 곁의 큰 나무를 기어올라 갔다. 그러자 표범은 그 뒤를 어슬렁어슬렁 올라왔다. "아아, 이걸 어쩌면 좋단 말인가." 그야말로 절체절명의 위기. 간이 콩알만 해져서 온 몸의 힘이 다 빠져버렸다. 힘이 빠지는 것과 동시에 바지가 벗겨져서 표범의 머리를 덮었다. 표범은 기습 공격을 받고서는 당황해서 나무 위에서 거꾸로 떨어졌다. 아래에서 기다리고 있던 호랑이는 '나무에서 사람이 떨어졌구나.'라고 생각하여 한 입에 물어 죽이고서 잘 보니 자기의 아내[2]였다. 호랑이는 매우 놀라서 바로 심장이 찢어져서 죽어 버렸다.

나무 위의 사람은 두려워하면서 이 모습을 보고 있었는데 그때서야 유유히 내려와서 이 의외의 수확물獲物을 가지고 집으로 돌아갔다.

호랑이 엉덩이에 나팔虎の尻に喇叭

조선의 나팔수喇叭手가 군수의 명령으로 어느 곳에 사자로 갔다가 돌아

---

2 조선에서는 표범은 '호랑이의 아내다'라고 한다.

오는 길에 주막酒幕³에서 술을 마시고 취해 있었다. 그곳에서 한숨 자고 싶었지만 군수에게 보고를 해야 할 중요한 임무가 있으므로 주막을 나와 군청으로 향했다. 그런데 도중에 점차 취기가 올라서 결국 길가에서 자 버리고 말았다.

"누구인지 젖은 걸레로 얼굴을 닦는 자가 있다."

"뭐하는 짓이지."

라고 생각하여 눈을 가늘게 뜨고 보니 이것 참 큰 일이었다. 커다란 호랑이 가 꼬리에 물을 묻혀서 얼굴을 때리는 것이었다. 나팔수는 '도저히 도망칠 수가 없구나.'라고 생각하자 어느새 침착해져서

"이 친구(大將). 내가 눈을 뜨는 것을 기다리고 있구나. 좋다, 이제 두고 봐라."

호랑이는 얼굴을 때리고서 또 꼬리에 물을 묻히러 강가에 가려고 엉덩이 를 돌린 때에 나팔수는 항문을 노리고 온 힘을 다해 나팔의 끝을 찔러 넣었다. 호랑이는 소스라치게 놀라, 펄쩍 뛰어오르며 항문에 힘을 주었다. 그러자 엉덩이에는 나팔이 있어 엄청 큰 소리가 났다. 그때부터 숨을 쉴 때마다 부우부우하고 소리가 났다. 뛰면 뛸수록 숨이 가빠져서 그 소리가 더욱더 크게 났다. 호랑이는 결국 미쳐서 죽어 버렸다.

나팔수는 이 호랑이를 짊어지고 군수에게 보고를 하자, 군수에게 많은 포상을 받았다.

---

3 선술집(居酒屋)을 말한다.

하루살이와 호랑이 蜉蝣と虎

호랑이가 항상,

"나는 산중호걸이다."

라고 말하며 으스대고 있었다. 다른 짐승들은 호랑이의 교만함을 미워했지만, 어쩔 수 없기 때문에 난처해하고 있었다. 그때 하루살이가 나타나,

"호랑이를 벌주는 것은 간단한 일이다."

라고 말하였다. 짐승들은 이것을 듣고

"우리들이 모두 적극적으로 나서도 별 수가 없어 이렇게 곤란해하고 있는데 네가 무엇을 할 수 있겠느냐. 좀 자신의 분수를 생각하고서 말해라."

라며 웃었다. 하루살이는 한층 진지해져서

"내가 힘을 겨루어서 이길 수 없는 것은 뻔한 일이지만 지혜를 겨룬다면 못 이길 것도 없지. 모두가 그렇게 비웃는다면 내가 하는 것을 잘 보구려."

라고 말하고 호랑이에게 갔다.

호랑이는 이때, 절벽 위의 바위 끝에서 햇볕을 쬐고 있었는데 하루살이가 호랑이의 눈앞으로 가서 저쪽으로 날고 이쪽으로 날고 하였다. 호랑이는 어질어질해서 앞발을 들어 하루살이를 쫓아내었다. 하루살이들은 모였다가 흩어지고, 흩어졌다가는 다시 모였다. 그래서 호랑이는 부글부글 애를 끓다가 하루살이에게 달려들었다. 하루살이들이 팍하고 흩어졌으므로 하루살이들은 아무 일도 없었지만 호랑이는 천 길 낭떠러지로 떨어져 죽어버렸다.

하루살이는 의기양양하여 짐승들이 모여 있는 곳으로 돌아왔다.

여우와 게의 경주狐と蟹の競走

여우는 산에서만 살고 있었는데, 어느 날 바다라는 곳이 있다는 것을 듣고 갑자기 바다가 보고 싶어졌다.

바다에 가서 보니 널찍하여 큰 파도 잔 파도가 밀려들어오고, 배의 흰 돛도 지나가고, 증기선도 지나가고 갈매기도 날고 있었다. 여우는 매우 기분이 좋았다. 이 경치를 넋을 잃고 바라보며 계속해서 감동하고 있자니 물가를 기어가는 것이 있었다. 발이 많이 달려 있고 자기의 다리 수보다도 훨씬 많았다. 여우는 돌연 그 옆으로 가서,

"너는 뭐라 부르는 것이냐."

라고 물으니

"나는 바다에 사는 게라고 하는데 너는 누구냐."

여우는,

"나는 산에 사는 여우다. 오늘은 날씨가 좋아 백두산을 아침 8시에 나와서 이 황해에 도착한 것이 낮 12시였다. 어떠냐, 내가 걷는 것이 빠르지? 너는 바다 밑에서 여기까지 나오는데 어느 정도 걸리느냐."

라고 느긋하게 물었다. 그러자 게는 대답했다.

"10일 정도 걸린다. 하지만 바다 밑은 백두산보다도 머니까 말이지."

여우는 '백두산보다 멀다'는 소리를 들은 것에 부아가 났다.

"멀고 가까운 것은 어찌됐든 너는 나처럼 빨리 걸을 수는 없지."

라고 말하니 게도 지지 않고,

"걸을 수 있는가 없는가는 경주해 보지 않으면 모르지."

"뭐 경주? 건방진 소리 하지마. 네가 경주가 가능하다면 해 보자. 못 할

건 없지. 네가 한 발 먼저 나와 있어라, 내가 뒤에 서지."

그래서 같이 출발했다. 여우는 한참 달리고서 '게 녀석은 아직도 엄청 느리게 달려오겠지.'라고 생각하여 몸을 돌려 뒤를 보니 게가 앞 쪽에서

"어이, 이제 온 거냐."

라고 말했다. "이런"하고 당황하여 또 달리기 시작해서 '이제 괜찮겠지' 하고 뒤를 돌아보니

"어이, 지금이냐."

라고 말했다. 게는 여우의 꼬리를 집게발로 집고 있었던 것이다. 여우는

"이 녀석 다리가 8개 있군. 이렇게 빠른 녀석과는 도저히 경주를 할 수 없지."

라고 말하고, 열심히 백두산으로 도망가 버렸다.

원숭이 꼬리와 게의 다리猿の尻と蟹の脚

화창한 가을날에 사람들은 추수를 하였다. 어느 집도 풍년을 기뻐하면서 축배를 들고 있을 즈음이었다. 한 마리의 원숭이가 식량을 구하러 마을 가까이에 나오니, 마침 물가에서 나와 먹이를 찾으러 온 게와 우연히 만났다.

서로 이 곳까지 오게 된 목적을 이야기하였는데, 게가

"아무것도 발견하지 못했으니 큰일이네."

라고 말하니,

"지금 이 앞집에서 떡을 찧고 있으니 그것을 가져 와서 먹자."

"그것 참 좋은 것을 발견했다. 하지만 그것을 훔치는 것은 어려울 거야."

193

라고 말하니, 원숭이는 이마에 주름을 잡으면서

"그건 대수롭지 않다. 너는 집 안에 몰래 들어가서, 자고 있는 아이의 손이며 발이며 집게발로 집어봐라. 그렇게 하면 떡을 찧고 있는 사람들이 놀라서 그 쪽으로 갈테니 그 뒤에는 내가 떡을 채서 오겠다."

라고 설명했다. 게는 원숭이의 지혜에 감탄하며

"그것 참 좋네. 자 가지러 가자."

원숭이의 말대로 하니 정말로 일이 잘 풀렸다. 원숭이는 원래 교활하여 그 떡을 가진 채로 나무 위에 올라가 혼자서 먹고 있었다. 게는 아래에서

"조금 나눠줘."

라고 말해도 태연하게 대꾸도 하지 않았다. 그 와중에 어떤 연유인지 손이 미끄러져서 떡을 떨어뜨렸다. 게는 잽싸게 주워서 바위 구멍 안으로 도망쳐 들어갔다.

원숭이는 내려 와서

"그 떡을 반으로 나눠줘."

라고 말하니, 게는

"이건 떡이 아니야. 떡은 네가 지금 다 먹어 버렸어. 이건 호박이야."

라고 말하고 우적우적 먹었다. 원숭이는 화가 나서 그 구멍에 꼬리를 넣고 방귀를 뀌었다. 게는 그 꼬리를 잡아 물었다.

그로부터 원숭이의 꼬리 털은 모두 벗겨져 새빨갛게 되었고 게의 다리에는 그 털이 붙은 것이라고 한다.

194

토끼의 꼬리兎の尾

　어떤 사람이 술에 취해서 숲 속에서 자고 있으니 그곳에 커다란 호랑이가 나타났다. 애당초 호랑이는 죽은 사람이나 자고 있는 사람을 먹는 동물이 아니다. 그래서 꼬리를 물에 담갔다가 사람의 얼굴에 물을 뿌렸다. 그 사람이 눈을 뜨고서 '이런 큰일이다, 어떻게 된 거지.' 하고 완전히 당혹스러워했다. 하지만 금방 지혜를 짜내 허리춤에서 살짝 방울을 꺼내서 호랑이의 꼬리에 매달았다. 그리고 담뱃대로 호랑이의 엉덩이를 힘껏 때렸다. 호랑이는 놀라서 펄쩍 뛰어올랐고, 그러자 뒤에서 방울이 울렸다. '이것 참 이상한일이네.'라고 생각해서 꼬리를 흔드니 또 짤랑짤랑하고 울린다. 점점 더 놀라서 뛰기 시작하니 방울이 나뭇가지에 걸려서 빠져 버렸다. 하지만 호랑이는 더욱더 계속해서 달렸고, 그러던 중에 토끼를 만났다.
　"무슨 일인가?"
라고 토끼가 묻자 호랑이는 숨을 헐떡이면서
　"그렇게 한가하게 물을 상황이 아니야. 지금 지우제(ジウゼ)[4]가 뒤에서 따라 오고 있어."
　토끼는 이상하게 생각하여,
　"아무도 안 오고 있잖소."
　호랑이는 도무지 토끼의 말을 알아듣는 것 같지 않았다. 토끼는,
　"정말로 아무도 오지 않소. 괜찮으니까 같이 가 보세. 당신이 그렇게 무서우면 내 꼬리랑 당신 꼬리를 칡으로 묶고서 가 보세."

---

4 호랑이를 먹는 괴물의 이름.

호랑이도 토끼가 그렇게까지 말하니 조금 안정을 찾고 다시 돌아가는데, 마침 까치가 산포도 알을 먹고 있었다. 그런데 까치가 앞서 호랑이가 떨어뜨린 방울을 입에 물고 나무 위로 날아 올라갔는데, 산포도가 아니므로 아래로 떨어뜨렸다. 그때, 방울이 또 짤랑짤랑하고 울리니 호랑이는,

"그게 또 왔어. 저게 지우지(ジウジ)야."

라고 말하고서 쏜살같이 달리기 시작했다.

이때 토끼의 꼬리가 끊어져서 지금과 같이 짧아졌고, 호랑이의 꼬리에 묶여 있던 칡은 점차 썩어서 그 흔적이 얼룩이 된 것이다.

광어의 눈과 메기 머리鰈の目と鯰の頭

어느 날 메기가 꿈을 꿨다. 하지만 그것이 길인지 흉인지를 알 수 없어 광어의 거처에 찾아가 해석을 부탁했다.

"나는 어젯밤 이런 꿈을 꿨어. '집에서 나오니 끈 하나가 있었어. 그 끈을 잡으니 스르르 하늘로 올라가. 점차 올라가니 꽤 밝아 지더라고. 마치 날이 밝은 것 같았지. 그때 나는 뜨거운 물에 들어가 물을 뒤집어쓰고는, 의자에 앉아서 사방의 경치를 보았지.' 이것은 대체 어떤 걸까? 길일까 흉일까."

라고 말하니 광어가 말하기를,

"그것 참 큰일이네. 좋은 꿈 운운할 상황이 아닐세. 자네가 끈이라고 말한 것은 낚시 줄이고, 하늘에 올라간다고 하는 것은 자네가 사람에게 건져 올려지는 것일세. 뜨거운 물에 들어갔다는 것은 자네 몸이 씻겨지는 것이고, 의자는 도마를 말하는 것일세. 자네가 머지않아 사람에게 낚인다

196

는 징조라네. 조심하지 않으면 안 되네."
라고 해석하였다.

메기는 꽤나 길몽이라고 생각했었는데 광어가 이와 같이 반대로 해석을 하니 불쾌하여 참을 수가 없었다.

"어이. 자네는 다른 자의 꿈을 일부러 나쁘게 판단하는 거지, 무례한 녀석."

"뭐야, 나쁜 꿈이니까 나쁘다고 알려 준 게 이상한 건 아니지."

"웃기지마, 그런 심술 고약한 판단이 어디 있어?"

메기는 화가 난 김에 광어의 볼을 마구 때렸다. 그러자 광어도 지고 있을 수만은 없어, 메기의 머리를 밟아 뭉갰다.

그로부터 광어의 눈은 한쪽으로 몰리고, 메기의 머리는 평평하게 되었다.

두꺼비의 배蟾蜍の腹

호랑이와 토끼, 두꺼비가 우연히 만났다. 그런데 세 마리 모두 떡을 좋아하여,

"떡이 먹고 싶은데, 어디서 구해 올 수 없을까?"
라고 이야기하자, 때마침 나그네가 떡을 짊어지고 그곳을 지나고 있었다. 그러자 토끼는 재빨리 그것을 발견하고,

"이 봐, 떡이 왔다. 호랑이도 제 말하면 온다더니 바로 이 격이구먼. 호랑이가 어서 가서 떡을 가져오지 않을래?"

호랑이는 토끼의 말을 듣는 둥 마는 둥 바로 달려 나갔고, 나그네는 번개

같이 도망쳤다. 그때 떨어진 떡 하나를 호랑이가 주워 왔다.

"우리가 이 떡 하나를 나눠 먹으려면 너무 작아져. 나는 뭔가 재미있는 일을 해 보고 싶어."

라고 호랑이가 말하자 토끼가,

"술에 제일 잘 취하는 쪽이 떡을 먹는 건 어때?"

라고 의견을 내자 모두 찬성했다.

그러자 호랑이가 말했다.

"난 술은 질색이야. 술집 앞을 지나치기만 해도 취하고 말아."

토끼는 잠자코 듣고 있다가, '호랑이 녀석 제법 뻔뻔하게 말을 하는군.'하고 생각하면서,

"나는 보리밭에 들어가기만 해도 금세 취해서 눈도 벌게져."

라고 말했다. 호랑이가 낙담하고 있자 토끼는 자신감에 차서, '떡은 내 차지다.'라고 앞서 생각했다. 그때 두꺼비가 갑자기 땅에 쓰러져 눈을 돌리며 현기증을 일으켰다.

"무슨 일이야, 정신 좀 차려봐!"

토끼는 이렇게 말하면서 마음속으로는, '두꺼비 녀석, 내가 떡을 먹게 되니까 슬퍼서 기절하고 말았군.'이라고 생각하고 있었다. 그러자 두꺼비는 겨우 정신을 차려 찬찬히 눈을 뜨고,

"나는 술에 관한 이야기를 듣기만 해도 이렇게 된다네."

그리하여 그 떡은 두꺼비의 뱃속으로 들어가게 되었다. 두꺼비의 배가 커다란 것은 혼자서 그 떡을 다 먹었기 때문이었다.

거북이와 토끼龜と兎

옛날 용왕이 병에 걸려 금방이라도 죽을 것 같았다. 갖은 수를 써 보았지만 조금도 효험이 없었다. 가신들도 모두 걱정하고 있었다. 그때 자라가 말하기를

"임금님의 병은 토끼의 간을 드시면 금방 낫습니다."

일동은 기뻐했지만, 그러면 토끼 간을 어떻게 빼는가가 큰 문제다. 그러자 거북이가,

"제가 토끼를 데려오겠으니, 데려오면 모두가 같이 간을 빼는 것이 좋겠지요."

임금님은 자라를 토끼의 거처로 보냈다.

거북이는 토끼의 집까지 가서

"내일 용왕님이 계시는 곳에 축하연이 있어 맛있는 먹을 거리가 많이 있을 것입니다. 그래서 '토끼도 꼭 참석했으면 하니 불러오거라.'라고 하시어 내가 마중 온 것입니다. 부디 저와 함께 가주시지요."

라고 공손하게 말했다. 토끼는 기뻐하며 거북이 등에 타고 용궁으로 갔다. 용궁에 도착해서 보니 그 훌륭함은 지금까지 지내던 토끼굴과는 너무도 달랐다. 일동은

"얼른 죽여서 간을 꺼내라."

라고 소란을 피우자, 여러 물고기가 모여 토끼를 묶어서 바쳤다. 토끼는 무슨 연유인지도 몰라

"저는 죄도 없는데 어째서 저를 묶습니까?"

라고 원망스러운 듯이 말하니 거북이가 말하기를,

"그렇지. 너는 아무 죄도 없다. 지금 우리 임금님이 병에 걸리셨는데, 그 병은 네 간이 아니면 낫질 않는다. 딱하게 됐지만 지금 네 간이 필요하구나."

토끼는 '이것 참 얼토당토않은 곳에 끌려왔구나.'라고 후회했지만 우물쭈물 하는 동안에 죽임을 당하겠기에, 목소리를 누그러뜨려서

"그것은 잘 알겠습니다. 하지만 여러분 모두 모르시겠지만, 제 엉덩이에는 세 개의 구멍이 있습니다. 하나는 대변, 하나는 소변을 보는 구멍으로 다른 한 개가 간을 꺼냈다가 넣다 하는 구멍입니다. 저희 동료들은 매월 1일부터 15일까지는 간을 배속에 넣어 두지만, 16일부터 월말까지는 산에 있는 나뭇가지에 걸어 놓습니다. 오늘 아침 거북님이 오셔서 그저 저에게 맛있는 잔칫상을 대접해 준다고만 하셨기에, 저는 간을 나뭇가지에 걸어 둔 채로 급하게 온 것입니다. 임금님이 저의 간을 먹고 그걸로 나으신다고 한다면 지금 바로 돌아가서 가지고 오겠습니다. 지금 저를 죽이셔도 배속에는 간이 없습니다."

라고 천연덕스럽게 설명했다. 일동은

"그러면 죽여도 별 수 없군. 다시 고생스럽지만 거북이가 수고스럽게 같이 가서 나무에 걸려 있는 간을 가지고 오는 편이 좋겠네."

거북이는 다시 원래대로 토끼를 등에 태우고 나갔다.

토끼는 해안에 올라가서 거북이를 붙잡고

"이 거짓말쟁이 녀석아 잘도 나를 속였구나."

라며 거북이의 목을 힘껏 잡아 빼서 그것을 엉덩이에 찔러 넣고는 토끼는 산으로 가 버렸다.

거북이는 목이 너무 아파서 곤혹스러워 했다. 사오일 목을 움추리고 움

직이지 않고 있었는데, 그로부터 슬슬 빼 보고서는 "이것 참 예전보다 목의 상태가 좋아졌다."라며 기뻐했다.

제 4 부 동 화

사이가 나쁜 개와 고양이 仲の悪い狗と猫

어떤 사람이 부인에게 부탁을 받고 개를 사고자 하여 시장에 가는 도중, 어떤 사람이 병에 걸린 개를 버리러 온 것을 보고, 그것을 안타깝게 여겨 개를 샀다. 그러자 또 고양이를 버리러 온 사람을 만나 또 고양이도 샀다. 그래서 고양이와 개를 데리고 돌아오는 도중에 게장수를 만났다. 게는 이 사람이 정이 깊은 것을 알았는지, 상자 안에서 말을 걸었다.

"저를 도와주세요."

그래서 그 사람은 또 그 게를 사서 강에 풀어 주었다. 그리고 다시 돌아오니, 아이들이 모여서 뱀을 죽이고 있었기에, 그 뱀을 정중히 장례를 치러 주었다. 그러자 그 뱀의 무덤에서 대나무 한 그루가 자라나 거기에 대바늘이 생겨났다. 그 대바늘은 어떤 병도 치료할 수 있는 매우 귀한 것이어서 그것을 봉침이라고 이름 붙였다.

이 사람의 친구가 강가 건너편에 있었는데, 이 사람이 봉침으로 병을 낫게 하여 재산을 불리는 것을 보고 욕심이 생겨, 어느 날 자신도 외출을 해서는

"그 봉침을 빌려주게나."

라고 부탁했다. 이 사람은 정이 많은 사람이어서 바로 승낙하여

"쓰시죠. 어떤 병이라도 바로 낫는답니다."

하고 공손하게 사용법을 알려 주었다.

그러나 아무리 시간이 지나도 돌려 주지 않았다. 너무 기간이 오래되어 재촉하였지만 이러쿵저러쿵하며 좀처럼 돌려 주려고 하질 않았다.

그때, 개와 고양이는 집 앞 오두막집에서 논의를 시작했다.

"우리가 이렇게 안락하게 살 수 있는 것은 주인 덕이다. 듣자하니 봉침을 뺏겨서 곤란해하고 있는 것 같다. 이제부터 가서 그것을 다시 되 찾아와야 되지 않을까?"

하고 말하고 바로 나갔다.

강가 건너편에 도착해서 개는 망을 보고 있었는데, 고양이는 창고 안에 들어가 쥐들을 모아서 봉침이 있는 곳을 물었다. 그중 커다란 쥐가 대답하였다.

"주인은 봉침을 베개 안에 넣어 둡니다."

"그러면 그것을 훔쳐 와라."

"어떻게 그걸 훔쳐냅니까? 주인이 매우 아끼고 있어서 조금도 방심하지 않고 지키고 있습니다."

"아무리 소중히 다룬다고 해도, 인간에게는 틈이 있으니 못 훔칠 것은 없다. 만약 훔쳐오지 않으면 이 창고 안의 쥐를 한 마리도 남기지 않고 먹어 버리겠다."

쥐들은 정말이지 곤란했다. 그러나 별 수가 없었다. '어차피 죽는 거라면 훔치러 가자'라고 생각하여 한 마리의 늙은 쥐가 말을 꺼냈다.

"오늘 밤 반드시 훔쳐서 가져오겠습니다."

늙은 쥐는 창고 안에서 제일 기민한 쥐에게 명하였다.

"베개를 물어서 가지고 와라."

명령을 받은 쥐는 역시 선발된 만큼 그날 밤 무사히 자신의 역할을 다했다.

"자 이걸로 됐다."

라고 기뻐하며 고양이와 개는 함께 강가까지 와서, 고양이는 바늘을 입에 물고 개의 등에 타고서 강을 건너기 시작했다. 중간쯤 와서 개는

"바늘을 잘 물고 있어?"

라고 물으니 고양이는 입에 물고 있으므로 대답을 할 수가 없었다. 개는 '고양이가 대답하지 않는 건 아마 떨어뜨린건가'라고 의심하여 계속해서 물으므로 고양이는 별 수 없이

"괜찮아. 잘 물고 있으니까 안심해."

라고 말했다. 그 때 바늘은 물 속으로 빠졌다.

강을 건너고서, 개가 고양이의 입을 보니 바늘이 없었다. 매우 화를 내고 그대로 앞서서 집으로 돌아갔다.

고양이는 유감스럽게 생각하여 강가에 가보니, 게가 한 마리 나타나 바늘을 내어 주었다. 고양이는 몇 번이나 게에게 감사하다고 하고 그것을 주인에게 돌려주었다. 그러자 주인은 매우 기뻐하며 고양이의 공덕을 칭찬하고 그로부터는 집 안의 어디라도 자유롭게 다니는 것을 허락해 주었다. 이와 반대로 개는 일 년 내내 밖에서 기르게 되었다고 한다.

다리가 부러진 제비足折燕

옛날, 놀부[5]와 홍부라는 두 형제가 있었다. 형인 놀부는 욕심이 많고

마을의 사람들에게 미움을 받고 있었다. 그러나 동생인 흥부는 형과는 다르게 그 성질이 완전히 달라, 자애로운 마음도 깊고 정직하여 누구 하나 칭찬하지 않는 자가 없었다. 그런데 어떠한 연유인지 형은 부유하고 번창하였는데, 동생은 빈곤하여 그 차가 이만저만이 아니었다.

어느 해 봄, 흥부의 집에 제비가 날아와서, 처마에 둥지를 틀고서 많은 새끼를 기르고 있었다. 그때 큰 뱀이 와서 그 새끼를 잡아먹었다. 그중에 한 마리는 둥지에서 떨어져 다리가 부러졌다. 이것을 본 흥부가,

"이것 참 가엽구나."

라고 말하며, 약을 바르고 실로 묶어서 치료해 주니 10일 정도로 완치되었다. 그로부터 강남국江南國으로 날아갔다. 흥부는,

"저렇게 자유롭게 날 수 있게 되었으니 도와준 보람이 있다."

라며 기뻐했다.

제비는 강남국에 가서 국왕에게 이 일을 말하니,

"그것 참 친절한 사람이다, 이 일에 보답하지 않으면 안 되겠다. 내년에 갈 때까지는 무언가 선물을 생각해 두겠다."

라고 말하셨다.

다음 해의 3월 3일에 제비는 '보은박報恩瓢'이라는 호리병박의 씨를 한 알 가지고 와서 흥부의 앞에 내 놓았다. 흥부는 정원 구석에 이 씨를 뿌려두니, 얼마 안 있어 싹이 자라 점점 자라서는, 꽃이 피고 커다란 박이 수십 개 정도 열렸다. 흥부는 이것을 따서 그 중 하나를 톱으로 잘라서 보니, 청의를 입은 동자가 여러 가지 선약仙藥을 가지고 나타나서 그것을 흥부에

---

5 역주 원문에는 몰부没夫(モルブ)라고 되어있으나 놀부로 표기했다.

게 주었다. 그리고 바로 동자는 감쪽같이 사라졌다. 또 하나를 잘라서 보니 가재 도구가 많이 나왔다. 또 하나를 자르니 오곡五穀도 나오고, 의복도 나왔다. 또 하나를 자르니 많은 목수가 나와서 순식간에 멋진 집을 지어 주었다. 이리하여 흥부는 즐겁게 살 수 있었다.

형인 놀부는 동생인 흥부가 제비로부터 호리병박의 씨를 받고 재산을 불린 것을 듣고, 자기도 커다란 박을 만들어야겠다고 생각해 제비가 온 것을 돌멩이를 던져 그 다리를 부러뜨렸다. 그리고서 약을 바르고 실로 묶어 둥지 안에 넣어 놓았다. 그렇게 하자 9월 9일에 제비는 강남국으로 날아갔다. 그리고 제비는 이 일을 국왕에게 이야기했다.

그 다음 해 국왕은 '보수박報讎瓢'이라고 하는 박씨를 제비에게 가지고 가게 해서는, 놀부의 집으로 보냈다.

놀부는 매우 기뻐하며 이것을 심고,

"자, 이걸로 나도 부자가 될 수 있다."

라고 혼자서 실실거리며 매일 밭을 돌아보고,

"얼른 커져라, 꽃아 얼른 펴라, 열매야 얼른 열려라, 보물아 얼른 나와라."

라며 모든 일을 다 팽개쳐 놓고 박이 커가는 것을 기다리고 있었다. 놀부가 정성을 들인 보람이 있어 10개의 박이 날로 점차 커져갔다. 거름도 많이 주고, 잘 보살펴 주었으므로 흥부네 박보다도 더 크게 열렸다. 놀부는 빨리 박 안을 보고 싶어 견딜 수가 없었다. 그러던 중에 박이 잘 익었으므로 열 개를 모두 잘라와서, 집 안의 모든 사람들을 모아

"이제부터 큰 부자가 되는 거야. 우선 첫 번째로 커다란 기와집을 짓자. 그리고 대문도 다시 만들자. 논도 사자. 아니야 아니야, 그런 건 뒤로 미뤄 두고, 금 일만 냥을 정부에 헌납해서 군수 나으리나 감찰사 나으리가 되는

편이 좋겠다."

등등 말하며 우선 커다란 것을 하나 잘라 보았다. 그러자 안에서 나온 것은 가야금을 켜는 사람이 여러모로 못된 수작을 부려 돈을 빼앗아 갔다. 또 한 개를 잘라보니 노승老僧이 나와서 염불을 하고는 돈을 구걸해 갔다. 놀부는 예상 밖의 일들이 일어났지만 또 하나를 잘랐다. 그러자 상주喪主가 나와서는 아이고 아이고 울면서 장례식 비용을 빼앗아 갔다. 그 다음에는 커다란 상자를 짊어진 자가 나와서, 요지경瑤池鏡을 보여 주고는 돈을 가져갔다. 그 다음에는 부랑자浮浪者가 많이 나와서는 여러 가지로 난폭하게 굴고서 결국엔 돈을 가지고 달아났다. 일곱 번째 박에서는 팔도八道의 맹인盲人들이 나와서 놀부를 때려 눕혔고, 이들 역시 돈을 갖고 가 버렸다. 이렇게 박을 아무리 잘라도 보물은 나오지 않았다. 놀부는 마지막으로 남은 박 하나를 잘라 보았다. 이번에야말로 보물이 나오리라 기대했지만, 이 어찌 생각이라도 했으랴, 박에서는 대소변이 쏟아져 나와 놀부의 집이 파묻히고 놀부[6]는 살 곳을 잃어버렸다.

해와 달太陽と月

옛날 어느 부인이 중년의 나이에 남편과 헤어지고, 세 아이가 자라는 것을 낙으로 삼아, 가난하게 살고 있었다.

이 부인이 어느 날 이웃마을에 갔다가 저녁이 되어 터벅터벅 산길을

---

6 파묻혔기 때문에 원문에는 침부(沈夫モルブ)라고 표기되어 있음.

지나고 있었는데, 그때 공교롭게도 호랑이와 만났다. 도망쳐 보기는 했지만 소용없었다. 부인은 순식간에 호랑이의 먹잇감이 되었다.

그런 줄도 모르고 세 아이들은 어머니의 귀가가 늦어지는 것을 이상하게 여겼다. 하지만,

"조금 있으면 돌아오실 것 같아."

라고 이야기하면서 기다리자, 어머니가 집으로 돌아왔다. 세 아이들은 몹시 반겼지만 금세 잠이 들어 버렸다.

어머니는 잠든 아이를 안고 부엌으로 가서 밥을 짓기 시작했다. 그래서 남은 두 아이는,

'빨리 밥을 먹고 싶다.'

라고 생각하면서 기다리고 있었다. 그때 부엌에서 무언가 뼈를 씹는 것 같은 소리가 났다. 두 아이가 부엌을 들여다보니 어머니가 뭔가를 먹고 있었다.

"어머니, 뭘 먹고 있나요?"

라고 누이동생이 묻자,

"지금 콩을 먹고 있단다."

라고 답했다. 그 사이 방금 전과 같은 소리가 다시 났다. 그래서 이번에는 오라비가 물어보니, 어머니는 방금 전과 같이 답했다. 그래도 오누이가 생각하기에는 콩을 씹는 소리와는 달랐기 때문에, 몰래 부엌을 들여다 보니, 여태껏 자고 있던 남동생의 손을 꺾어서 손가락을 먹고 있었다. 게다가 어머니는 거대한 호랑이가 되어있었다.

오라비는 누이동생을 데리고 조용히 뒷문을 빠져나와, 우물가의 커다란 나무로 올라갔다. 이 때 어머니가 남동생을 다 먹고, 이번엔 두 아이를

잡아 먹으려고 나와 보니 아무도 없었다. 그래서 혹시나 하여 뒷마당으로 가자 나무 위에서 사람의 목소리가 들렸다. 어머니는 나무 아래로 갔다. 두 아이는 너무 무서워서 살아 있는 것 같지 않았다.

"너희들은 어떻게 그런 높은 곳으로 올라갔니?"

오라비는 무서웠지만, 답을 하지 않고 가만있을 수 없었다.

"참기름을 나무줄기에 바르면 올라오기 쉬워요."

어머니는 집에서 참기름을 가져와, 나무에 바르고 올라가려고 했지만 미끄러워서 올라 갈 수 없었다.

누이동생은 무심결에,

"도끼로 나무를 찍어서 홈을 만들면, 발을 디딜 수 있어서 누구나 올라 올 수 있지."

라고 말했다. 어머니는 다시 집으로 가서 도끼를 가져왔고, 나무에 발 디딜 홈을 만들면서 올라왔다. 두 아이의 목숨은 이제 부지할 길이 없었다. 오라비는,

"하느님, 부디 저희들을 구해 주세요."

라고 빌었다. 그러자 한 줄기 밧줄이 하늘에서 내려왔다. 두 아이가 밧줄을 잡자 밧줄은 스르륵 하늘로 올라갔다. 어머니도 두 아이처럼 빌었는데, 이번에도 한 줄기 밧줄이 내려왔다. 어머니는 기뻐하며 밧줄을 잡았는데, 이것도 스르륵 하늘로 올라갔다. 그러나 그 밧줄은 썩어 있었기 때문에, 도중에 끊어졌고 어머니는 곤두박질을 쳤다. 떨어진 것을 보니, 커다란 호랑이가 때마침 수확을 막 끝낸 수수의 밑동에 찔려서 죽어 있었다.

두 아이는 하늘로 올라갔는데, 오라비는 달이 되고 누이동생은 해가 되었다. 해는 여자이기 때문에 똑바로 바라볼 수 없게 되었고, 수수의 밑동이

붉은 것은 호랑이의 피가 묻어서 그런 것이다.

뻐꾸기 郭公

한 청년이 있었다. 이 사람은 대단히 근면하여, 매일 아침 일찍 들로 나가 풀을 베고, 그 풀을 팔아서 생활해 나가고 있었다. 안개가 짙은 어느 날 아침, 청년은 늘 그렇듯 연못 부근에서 풀을 베고 있었다. 그러자 소나무에 무엇인가가 펄럭이고 있는 것이 있었다. 소나무쪽으로 가서 보니, 그것은 꿈에도 본 적 없는 아름다운 옷이었다. 청년은 기뻐하며 풀을 담은 바구니에 옷을 집어넣고, 풀베기에 여념이 없었다. 그때 선녀仙女가 목욕을 하고 나와 옷가지를 찾았지만, 어찌된 영문인지 옷을 두었던 곳에 아무것도 없었다. 그래서 선녀는 청년이 있는 곳으로 와서,

"당신이 제 옷을 주우셨죠? 그것은 천인天人의 날개옷이라서, 저는 그 옷이 없으면 하늘로 올라갈 수 없어요. 부디 제게 돌려주세요. 곧 아침 해가 뜨는데, 아침 해가 뜨기 전에 하늘로 돌아가지 않으면 안 돼요."

라고 애원했지만, 청년은 도무지 들으려고 하지 않았다. 그 사이 해가 떴기에, 선녀는 몹시 당황했다.

청년은 총각7이었기 때문에,

"당신이 그리 말하기는 했지만, 제가 주운 물건이기 때문에 그냥 돌려줄 수는 없습니다. 제 처가 된다면 돌려주지요."

---

7 미혼자를 말한다.

라고 말했다. 천녀天女가 아무리 애원하고 부탁해도 청년은 듣지 않았기에, 선녀는 하는 수 없이 곧 부부의 약속을 맺고, 청년의 집으로 함께 돌아갔다. 그로부터 일곱 해가 지나는 사이 선녀는 두 아이를 낳았다. 그래서 남편은 '이제 괜찮겠지.'라고 생각하고, 어느 날 날개옷을 꺼내 주었다. 그해 5월 5일은 단오端午였다. 조선의 여인들은 평소에는 집 안에 있지만 이 날만은 모두 외출하기 때문에, 남편도 아내를 위해 그네를 만들어 주었다. 아내는 기뻐하며, 아이 하나를 업고, 또 하나는 안고서 그네를 흔들며 점점 높이 오르게 힘을 실었고, 그대로 하늘로 올라가 버렸다.

남편은 낙담했는데, 아무런 생각 없이 남산南山에 오르자 산중턱에서 토끼들이 다투고 있었다.

"무슨 일인가?"

라고 묻자, 토끼 한 마리가,

"제가 이 나무의 열매를 주워 모으려고 했는데, 쟤가 주운 것을 빼앗으려고 해요. 이 나무 열매를 심으면 하늘에 닿을 만큼 커져요."

그는 '하늘에 닿는다'라고 들었기 때문에 그 열매가 탐이 났다.

"너희들이 서로 다투고 있어도 별 수 없으니, 차라리 그것을 내게 주지 않겠느냐?"

토끼도 그 편이 좋을 것 같다고 생각하고,

"그게 좋겠군요. 드리겠습니다."

라고 말했기에 그는 몇 번이나 고맙다고 말하고, 그 씨앗을 정원에 심었다.

싹이 나고 쑥쑥 자라 일 년이 지나는 사이 하늘에 닿았다. 청년은 그 나무를 타고 겨우 하늘까지 올라 은하수 변에 있는 버드나무에 올라가 있었다. 그러자 그 아래에 선동仙童이 멱을 감으러 왔다가 수면에 비친 사람

그림자를 보고 깜짝 놀랐다. 하지만 곧 자신의 부친임을 알고 함께 집으로 돌아갔다. 아내도 반겼지만 아내의 아버지만은, "인간이 천계에 오는 것은 도리에 맞지 않는다."라고 말하며 여러 난제를 주었는데, 아내가 은밀히 빠져나갈 방법을 알려 주어서 그때마다 난제를 무사히 해결했다. 그러나 다시 어느 날 아내의 아버지는 인간계로 화살을 쏘아 떨어뜨리며,

"저 화살을 주워 오거라."

라고 명했다. 청년이 다시 아내에게 이야기하자 아내는 말 한 필을 끌고 와서,

"이 말은 하늘과 땅 사이를 오르내리는 말이옵니다. 이 말이 두 번 울면 하늘로 올라가니, 한 번 울었을 때 곧바로 타지 않으면 안 됩니다."

라고 말했다.

이 청년은 화살을 줍고 돌아가는 길에 여동생의 집에 들렀다. 그러자 여동생은 오래간만에 오빠를 만난 것을 기뻐하며 표주박으로 국을 끓여서 대접했다. 청년이 이것을 먹으려고 할 때 말이 소리 높여 한 번 울었다. 청년은 아내가 일러준 것을 떠올리며 곧장 말에 올라타려고 했다. 그러자 여동생이,

"모처럼 대접하려고 만든 음식을 먹지 않다니요. 다음에 또 언제 만날지 알 수도 없는데, 제발 먹고 가 주세요."

라고 말했다. 그래서 청년은 '그도 그렇군.'이라고 생각하고 다급히 먹었다. 그러고 있는 사이 또 다시 말이 울었고 동시에 하늘로 올라가 버렸다.

이 청년은 뻐꾸기가 되어서 뻐꾹(박국)이라고 울었다. 이것은 표주박국이라는 뜻이다.

떡보餠食ひ

옛날 옛적에 떡을 무척이나 좋아하는 사내가 있었다. 이 사람은 평소에도 밥은 먹지 않고 떡만 먹고 있었다. 그래서 그 소문이 사방에 퍼져서 떡보라고 하면 모르는 사람이 없을 정도였다.

그때 지나支那로부터 '조선에서 가장 유명한 사람을 보내주시오.'라는 주문註文이 들어왔다. 그래서 조선에서는 여러 학자, 미술가 등 이름난 자를 모았는데 그들 모두의 우열을 가리기가 어려워 정할 수가 없었다. 그러자 어떤 사람이,

"지금 이 자리에 모여 계시는 여러분들 모두는 훌륭하고도 명성이 자자하옵니다만, 제가 알고 있는 한 가장 유명한 자는 떡보입니다. 그와 견줄 정도로 이름난 사람이 있을런지요."

라고 말하자 일동이 탁하고 손뼉을 치면서 그 말에 동의했다. 이런 까닭에 떡보를 지나로 보내기로 하였다.

떡보는 갑자기 불려나가 훌륭한 탈 것에 올라 지나로 보내졌다. 한편 지나에서는 조선에서 제일 유명한 사람이 온다하여 학자를 불러 마중을 나가게 하는 겸 시험을 해 보도록 했다.

드디어 떡보가 도착했기에 마중을 나온 쪽에서 돌연 양손의 손가락을 모아 둥글게 만들어 보였다. 떡보는 '하하하, 이것은 내가 지나어支那語를 모른다고 생각하여 몸짓으로 보여 주는 것이로구나.'라고 생각했다. 그래서 그도 똑같이 손가락을 모아서 네모지게 만들어 보였다. 마중을 나온 쪽은 조금 놀라는 듯 했다. 그러자 손가락 세 개를 내밀었다. 이번에 떡보는 손가락 다섯 개를 내밀며 답했다. 그 후 마중 나온 사람은 더욱 정중하게

대우하였고, 이윽고 궁궐에 들어가자 천자天子 님도 여러모로 대우를 해
주며 많은 포상을 주고 돌려보냈다.

떡보가 돌아와 조선의 임금을 만나 이 사실을 이야기하자, 임금은 그게
어찌된 영문인지 물었다. 떡보는,

"제가 떡을 좋아하는 사실을 알고 있는 것 같았습니다. 제가 가자 마중
나온 사람이 갑자기 조떡을 좋아하냐고 물어서 조떡은 싫고 쌀떡이 좋다고
손가락을 내밀어 네모지게 만들어 보였습니다. 그러자 세 개 정도가 괜찮
은가 하고 물어서, 저는 세 개로는 모자라니 다섯 개 정도 먹겠다고 대답했
습니다. 그랬더니 여러 포상을 주시며 돌려보내셨습니다."
라고 답했다. 대체로 조선에서는 조떡은 둥글게, 쌀떡은 네모나게 만드는
것이 보통이다. 임금은 크게 웃으시며,

"그거 참 잘 됐구나. 하지만 마중 나온 이가 손가락을 둥글게 만들어
보였던 것은 '천원天圓 즉, 하늘이 둥근 것을 알고 있는가.'라고 한 것이다.
그는 네가 네모를 만들어 보였던 것을 '지방地方 즉, 땅이 네모난 것도 알고
있다.'라고 해석했던 것이다. 그리고 그가 손가락 세 개를 내밀었던 것은
'삼강三綱은 알고 있는가.'라는 뜻이었다. 그러니 네가 손가락을 다섯 개
내밀었으니 그쪽에서 '삼강은 물론 오상五常에 대해서도 알고 있다.'라고
해석했음에 틀림없다. 어쨌든 잘 했도다."
라고 칭찬하셨다.

조선의 전설 끝[8]

---

[8] 朝鮮に於ける伝説 畢

저자 약력

저자 ▌ 미와 다마키三輪環

- 1915년 3월 13일, 지바현립 나루토千葉県立成東 중학교에서 조선임용.
- 1915년~1919년, 평양 고등보통학교 교사역임.
- 1919년 9월 10일, 평양 고등보통학교 교사 의원면본관(依願免本官, 의원 면직).
- 1901년, 『보통편지 주고받기普通手紙のやりとり』, 일본 지바 현 마쓰오마치千葉県松尾町 의 정춘당正賰堂.
- 1917년, 『일용문 독습日用文独習』, 평양 협판문선당脇坂文鮮堂.
- 1920년 3월, 『고등습자첩高等習字帳』, 조선총독부.

역자 ▌ 이시준

한국외국어대학교 일본어과 및 동 대학원 석사 졸업. 도쿄대학교 대학원 총합문화연구과 박사(일본설화문학). 현 숭실대학교 일어일문학과 교수. 숭실대학교 동아시아언어문화연구소 소장.

대표업적: 『今昔物語集 本朝部の研究』(일본), 『식민지 시기 일본어 조선설화집 기초적 연구 1, 2』, 『古代中世の資料と文學』(공저), 『漢文文化圏の説話世界』(공저), 『東アジアの今昔物語集』(공저), 『説話から世界をどう解き明かすのか』(공저), 『일본불교사』(역서), 『일본 설화문학의 세계』(역서) 등.

역자 ▌ 조은애

명지 대학교 일어일문학과 및 한국외국어대학교 석사 졸업. 릿쿄대학교 대학원 문학연구과 박사(일본설화문학). 현 숭실대학교 교수.

대표업직: 『漢文文化圏の説話世界』(공저), 『新羅殊異傳—散逸した朝鮮説話集—』(공저), 「東アジアにおける『神仏習合』」(일본언어문화), 「韓日における「仏伝文学」の展開: 釈迦と耶輸陀羅の物語を中心に」(일본문화연구), 「〈法華靈驗記〉における燒身供養」(일본언어문화), 「미와 다마키(三輪 環)『전설의 조선』의 수록설화에 대한 고찰」(외국학연구)

숭실대학교 동아시아언어문화연구소
식민지시기 일본어 조선설화집 번역총서 4

완역 **전설의 조선**

초판발행   2016년 2월 28일

저   자   미와 다마키
역   자   조은애·이시준
발 행 인   윤석현
발 행 처   도서출판 박문사
등록번호   제2009-11호
책임편집   김선은·최현아

우편주소   서울시 도봉구 우이천로 353 성주빌딩 3F
대표전화   (02)992-3253(대)
전   송   (02)991-1285
홈페이지   www.jncbms.co.kr
전자우편   bakmunsa@daum.net

ⓒ 조은애·이시준, 2016. Printed in Seoul KOREA.

ISBN 978-89-98468-96-5 04380   정가 12,000원
         978-89-98468-92-7 (set)

이 저서는 2012년 정부(교육부)의 재원으로 한국연구재단의 지원을 받아 수행된 연구임
(NRF-2012S1A5A2A03033968)